ANDRÉ DOERK

Deine persönliche Dividendenfabrik

ANDRÉ DOERK

Deine persönliche DIVIDENDEN FABRIK

In 3 Schritten zum Dividenden-Investor
Erfolgreich, einfach, planbar und ohne Börsenstress

DEUTSCHER
WIRTSCHAFTSBUCH
VERLAG

Bibliografische Information der Deutschen Nationalbibliothek
Die Deutsche Nationalbibliothek verzeichnet diese Publikation in der Deutschen Nationalbibliografie; detaillierte bibliografische Daten sind im Internet über dnb.dnb.de abrufbar.

Wir freuen uns auf eure Anregungen und Fragen
info@deutscherwirtschaftsbuchverlag.com

Wichtiger Hinweis
Die im Buch veröffentlichten Empfehlungen wurden von Verfasser und Verlag erarbeitet und geprüft. Der Inhalt dieses Buches beruht ausschließlich auf den persönlichen Erfahrungen des Autors und erhebt keinen wissenschaftlichen Anspruch. Die benutzten Begrifflichkeiten sind wertfrei. Eine Garantie kann dennoch nicht übernommen werden. Ebenso ist die Haftung des Verfassers bzw. des Verlages und seiner Beauftragten für Personen-, Sach- und Vermögensschäden ausgeschlossen.

Originalausgabe
1. Auflage 2026

Deutscher Wirtschaftsbuch Verlag GmbH, Christoph-Rodt-Straße 11, 86476 Neuburg an der Kammel
www.deutscherwirtschaftsbuchverlag.com

Auch wenn eine gendergerechte Sprache wünschenswert ist, gibt es aus Sicht des Verlages bisher keine befriedigende, gut lesbare Lösung. Für eine leichtere Lesbarkeit haben wir des Öfteren von der Doppelung männlicher und weiblicher Formen Abstand genommen. Selbstverständlich liegt es uns fern, dadurch einen Teil der Bevölkerung zu diskriminieren.

Redaktion: Judith Engst
Satz: ZeroSoft, Timisoara
Korrektorat: Anke Schenker
Cover- und Umschlaggestaltung: www.b3k-design.de, © 2026 Andrea Schneider & diceindustries
Illustration: © diceindustries
Druck: GGP Media GmbH, Pößneck
Printed in Germany

ISBN Print: 978-3-69066-187-4
ISBN E-Book (PDF): 978-3-69066-189-8
ISBN E-Book (EPUB, Mobi): 978-3-69066-188-1

Inhaltsverzeichnis

Abbildungsverzeichnis

Tabellenverzeichnis

Vorwort

Liebe Leserin, lieber Leser,
an der Börse Geld anzulegen, kann eine zeitraubende und kraftzehrende Angelegenheit sein. Ich weiß es, weil ich seit über 25 Jahren an der Börse aktiv bin. Dabei habe ich fast jede erdenkliche Strategie ausprobiert.

Ich kann mir die Zeit dafür nehmen, weil ich die Börse zu meinem Beruf gemacht habe. Ich habe aber volles Verständnis dafür, wenn sich jemand nach einem stressigen Arbeitstag nicht noch das Auf und Ab der Kurse antun möchte.

Dabei kann erfolgreich Anlegen ganz einfach sein.

Indem du dir deine eigene Dividendenfabrik aufbaust, kannst du bemerkenswerte Renditen von 8 bis 10 Prozent p. a. erzielen. Ohne großes Risiko, ohne großen Zeitaufwand und – wichtig – ganz stressfrei.

Denn die Dividendenfabrik bietet dir noch einen riesigen Vorteil: Ob die Kurse morgen steigen oder fallen, kann dir völlig egal sein. Du wirst sehen: Du gehörst plötzlich zu den wenigen Anlegern, die sich über steigende UND fallende Kurse freuen können.

8 bis 10 Prozent Rendite mit überschaubarem Risiko und geringem Zeitaufwand. Wo ist der Haken? Der größte Haken ist, dass du selbst aktiv werden musst.

Du musst deine eigene Dividendenfabrik selbst aufbauen. Deine Bank kann dir dabei nicht helfen. Die dortigen Berater haben nicht das nötige Wissen dafür. Und wenn sie es hätten, dann dürften sie es vermutlich nicht zu deinem Nutzen einsetzen. Schließlich haben Banken eigene Produkte, an denen sie mehr mit dir verdienen!

Darüber hinaus musst du offen für neue Denkweisen sein. Die naheliegendsten Anlagemöglichkeiten sind nicht immer die lukrativsten. Und was dir heute noch unbekannt ist, muss nicht automatisch riskant sein.

Ich habe 15 Jahre an der Börse gebraucht, um auf die ersten Ansätze zur Dividendenfabrik zu stoßen. Seit rund zehn Jahren wende ich diese Philosophie nun auf einen Großteil meines Vermögens an und habe sie dabei schrittweise immer weiter verfeinert. Heute bin ich so überzeugt von dieser Anlagephilosophie, dass ich sie auch anderen Anlegern weiterempfehle.

Im vorliegenden Buch findest du das gesamte notwendige Wissen, um deine eigene profitable Dividendenfabrik mit bis zu 8 bis 10 Prozent Rendite p. a. aufbauen zu können. Und das Ganze in nur drei einfachen Schritten, für die ich dir alles notwendige Wissen liefere.

In dieses Wissen sind nicht nur meine Erkenntnisse zum Aufbau einer erfolgreichen Dividendenfabrik eingeflossen, sondern auch meine praktischen Erfahrungen bei der Umsetzung. Anfangs habe ich fünfstellige Beträge nach dieser Strategie angelegt, später sechsstellige. Heute ist mein damit verwaltetes Vermögen so signifikant, dass ich von den Zinsen und Dividenden daraus leben könnte.

Auf dem Weg dahin habe ich kein Fettnäpfchen ausgelassen und so ziemlich jeden Fehler »ausprobiert«, den ich machen konnte. Als Leser dieses Buches kannst du dir also nicht nur das notwendige Wissen in kürzester Zeit aufbauen. Du kannst auch teure Fehler vermeiden, die dir ansonsten unvermeidlich unterlaufen würden.

Kurzum: Du hast mit diesem Buch die besten Startvoraussetzungen in der Hand, um dir auch bei wieder niedrigeren Zinsen, aber auch bei Inflation, erfolgreich ein eigenes Vermögen aufzubauen. Dabei kannst du eine Rendite erzielen, die du mit Index-ETFs oder Staatsanleihen auf lange Sicht nicht mehr erzielen wirst. Und das alles mit überschaubarem Risiko und geringem Zeitaufwand.

Du musst nur selbst loslegen. Niemandem liegt dein Vermögen so sehr am Herzen wie dir selbst. Deshalb bist du selbst dein bester Anlageberater. Ich begleite dich gerne auf deinem Weg und biete dir auch meine Unterstützung an, wenn du das vorliegende Buch fertig gelesen hast. Besuche dafür meine Website unter www.dividendenfabrik.de und melde dich für meinen kostenlosen Newsletter an.

Jetzt wünsche ich dir aber erst einmal viel Vergnügen bei der Lektüre. Möge die Philosophie der Dividendenfabrik deinen persönlichen Anlageerfolg so radikal zum Positiven wandeln, wie es auch bei mir der Fall war!

Herzliche Grüße
André Doerk

P.S. Es ist mir ein persönliches Anliegen, dich auch über das Buch hinaus beim Aufbau deines Dividendendepots zu begleiten und dir mit Rat und Tat zur Seite zu stehen. Deshalb habe ich ein persönliches Angebot für dich vorbereitet, mehr dazu erfährst du auf Seite 188.

Auf der Suche nach der besten Anlagestrategie:

Was bedeutet Börsenerfolg?

Bevor ich dir meine Dividendenfabrik genauer vorstelle, möchte ich vorab ein paar wichtige Gedanken zum Thema Börsenerfolg mit dir teilen. Ich kann mich gut daran erinnern, wie ich als junger Börsenanfänger ziemlich verloren dastand. Ich war für mich auf der Suche nach der bestmöglichen Börsenstrategie und hatte sehr bald noch viel mehr Fragen als anfangs und immer noch keine Antworten.

Nach meiner Erfahrung macht fast jeder Anleger, der selbstständig sein Vermögen verwalten möchte, diese Phase einmal durch. Es gibt eine Unzahl von Strategien, und meistens gibt es mindestens einen Experten oder Guru, der nachweislich erfolgreich damit sein Geld vermehrt hat.

Doch welche dieser Strategien solltest du am besten verfolgen? Die Antwort darauf ist plausibel, wenn du sie erst einmal kennst. Und sie lässt sich universal anwenden: Du kannst damit auch beantworten, ob meine Dividendenfabrik das richtige Erfolgsrezept für dich sein wird.

Viele Wege führen nach Rom: Warum es nicht DIE EINE, beste Börsenstrategie gibt

Hast du auch schon einmal eine angeblich bewährte Strategie ausprobiert und für dich hat sie überhaupt nicht funktioniert? Ich kann dich beruhigen: So ging es mir nicht nur einmal. Der naheliegendste Grund kann natürlich sein, dass diese Strategie nicht mehr funktioniert beziehungsweise nie so gut funktioniert hat wie angepriesen. Oder aber die Strategie passt einfach nicht zu dir.

Jede erfolgreiche Anlage-Strategie funktioniert nur so gut, wie sie zu dir persönlich passt. Und da es viele verschiedene Persönlichkeiten gibt, ist es auch keineswegs widersinnig, dass es eine Vielzahl erfolgreicher Anlagestrategien gibt.

Wenn ich sage »die persönlich zu dir passt«, dann meine ich damit nicht nur, ob die Strategie dir gefällt. Natürlich musst du dich auch damit wohlfühlen. Wenn du das nicht tust, wirst du deine Entscheidungen stets hinterfragen und bei Gegenwind vermutlich sogar die falschen Entscheidungen treffen.

Die richtige Strategie ist aber nicht nur eine Frage der Persönlichkeit. Auch deine persönlichen Rahmenbedingungen müssen zur Strategie passen. Hast du genügend Zeit und Kapital, eine Strategie erfolgreich anzuwenden? Wenn deine Strategie es erfordert, jeden Morgen neue Orders aufzugeben, du zu dieser Zeit aber gerade deine Kinder in den Kindergarten bringen musst, dann wird der Erfolg ausbleiben.

Ein weiterer, sehr beliebter Anlegerfehler ist es, die eigene Risikobereitschaft falsch einzuschätzen. Je mehr Risiko du eingehst, desto höher ist dein potenzieller Anlageertrag. Leider sehen viele Anleger nur den möglichen Profit, aber nicht die wahrscheinlichen Depot-Schwankungen auf dem Weg dorthin.

Wenn dein Depot im ersten Jahr von 100.000 Euro auf 50.000 Euro schrumpft und dann im zweiten Jahr auf 150.000 Euro anwächst, hast du unterm Strich – grob gerechnet – 22,5 Prozent p. a. erzielt. Ein großartiges Ergebnis, wenn du dies langfristig beibehalten kannst! Doch wärst du nach dem ersten schlechten Jahr überhaupt noch dabeigeblieben? Auch diese Frage solltest du ehrlich beantworten.

So findest du die für deinen Bedarf optimale Anlagestrategie

Du musst nicht wie ich jahrelang verschiedenste Strategien ausprobieren. Halte dich einfach an die folgenden Kriterien, und du wirst viel schneller eine für dich optimale Strategie finden, die durchaus auch aus einer Kombination verschiedener Strategien bestehen kann:

- **Aufwand:** Eine Daytrading-Strategie erfordert einen ganz anderen zeitlichen Einsatz als beispielsweise meine Dividendenfabrik. Stelle sicher, dass die von dir verwendeten Strategien auch zu deinen zeitlichen Möglichkeiten passen.
- **Risiko:** Beurteile eine Strategie niemals nur nach ihrem durchschnittlichen Renditeerfolg pro Jahr. Beachte unbedingt auch die Schwankungen auf dem Weg dorthin. Wenn du zum Beispiel in Wachstumswerte und Technologie-Aktien investieren möchtest, such dir passende ETFs oder Fonds, welche eine vergleichbare Strategie abbilden. Schau hier auf die Performance der letzten fünf, oder besser zehn Jahre. Wie stark unterscheiden sich die einzelnen Jahresergebnisse? Wie hoch war der maximale Verlust, auch »Drawdown« genannt, bevor es wieder aufwärts ging? Wenn du diese Infos hast, dann stelle dir die Frage, ob du diese Schwankungen aushalten willst beziehungsweise kannst. Vorsicht: Anleger neigen grundsätzlich dazu, ihre eigene Risikotoleranz zu überschätzen!
- **Kapital:** Gerade gewisse Optionsstrategien erfordern ein gewisses Mindestkapital, damit du sie erfolgreich anwenden kannst. Darüber hinaus gilt aber auch: Je geringer dein Anfangskapital, desto geringer sollte auch der zeitliche Aufwand sein. Es ist großartig, wenn du in einem Jahr aus 10.000 ganze 15.000 Euro machst, also 50 Prozent Rendite erzielst. Wenn du dafür aber an jedem Handelstag zwei Stunden vor dem Computer gesessen hast, relativiert sich der Erfolg wieder.

Wenn du diese Kriterien ehrlich bei deiner Auswahl anwendest, kannst du unpassende und damit für dich unprofitable Strategien zuverlässig aussieben. Auch wenn das seltsam klingt: Allein damit bist du deinem persönlichen Börsenerfolg schon einen riesigen Schritt näher gekommen. Zum erfolgreichen Investor wirst du nicht, indem du schnell ein paar Gewinne erzielst, sondern indem du drohende Verluste so weit wie möglich abwendest, bevor sie überhaupt entstehen.

Meine persönliche Börsengeschichte

Niemand fängt an der Börse als erfahrener Anleger, als Experte, an. Und selbst wenn ich mich heute als einen solchen bezeichnen würde, weiß ich vermutlich immer noch viel weniger über Börse, als ich zu wissen glaube. Letztendlich musst auch du deinen eigenen Weg gehen, deine Erfahrungen machen, unabhängig davon, was ich dir in diesem Buch erzähle.

Wenn du aufmerksam liest, wirst du dir aber den ein oder anderen teuren Fehler sparen können – und das macht am Ende dann schon einen Unterschied. Je schneller du deine Verluste minimierst, desto schneller gehörst du zu den Gewinnern an der Börse. Ganz einfach. Natürlich habe aber auch ich als junger Anleger zuerst mein Augenmerk vorrangig darauf gerichtet, meine Gewinne zu maximieren. Und damit du mich ein bisschen besser kennenlernst und besser einordnen kannst, warum ich manche Dinge so sehe, wie ich sie sehe, möchte ich dir im Zeitraffer meine eigene Börsenkarriere vorstellen.

Die wilden Anfänge: Nach der Party war der Kater unvermeidbar

Ich bin zum ersten Mal 1998 mit der Börse in Kontakt geraten. Dies hatte zwei Gründe: Zum einen war das Thema Börse damals durch den Neuen Markt in aller Munde und Thema einer jeden Tageszeitung. Schon zwei Jahre zuvor hatte die Deutsche Telekom AG als Volksaktie den Sprung an die Börse gewagt und damit eine neue Welle von Aktieninteresse in Deutschland ausgelöst, welche dann im Neuen Markt ihren Höhepunkt fand.

Der zweite Grund war etwas pragmatischer. Ich wurde in diesem Jahr volljährig, und meine Großeltern hatten schon frühzeitig ein Sparkonto für mich angelegt, welches pünktlich zum 18. Geburtstag

10.000 DM aufwies und über welches ich nach Erreichen der Volljährigkeit frei verfügen konnte.

Ich hatte Interesse an Aktien, der Neue Markt boomte und ich hatte Geld. Folgerichtig hatte ich schon kurz später meine ersten Aktien gekauft – natürlich telefonisch. Doch ich wollte mit der Zeit gehen und bekam schon kurze Zeit später meinen ersten Onlinehandelszugang, in den ich mich über ein Modem einwählen musste. Gleichaltrige und ältere Leser werden sich an dieses Gerät erinnern, jüngere Leser können per Google-Suchfunktion einmal nachschauen, was das ist.

Doch die Technik war neu und hatte natürlich auch ihre Sicherheitslücken. Eine davon wusste ich für mich auszunutzen. Denn ich stellte fest, dass bei Kaufaufträgen erst einmal überhaupt nicht geprüft wurde, ob ich genügend Geld für den Kauf auf dem Konto zur Verfügung hatte. Wenn ich am gleichen Tag auch wieder verkaufte, fiel meine Spekulation gar nicht weiter auf, denn Belastung und Gutschrift erfolgten erst am nächsten Tag. Ich konnte also mit deutlich mehr Geld spekulieren, wenn ich mich aufs Daytrading konzentrierte.

Unterm Strich war diese Zockerei glücklicherweise immerhin ein Nullsummen-Spiel. Nur leider vergaß ich eines Tages blöderweise, meine Positionen noch am gleichen Tag wieder glattzustellen. Dies hatte einen erbosten Anruf meiner Bank am nächsten Tag zur Folge – und die Deaktivierung meines Online-Zugangs.

Doch inzwischen war das nicht mehr so schlimm. Neue Onlinebroker sprossen wie Pilze aus dem Boden, und schon bald hatte ich ein neues Depot. Nur meinen kostenlosen Kapitalhebel konnte ich nicht ersetzen. Aber auch dafür gab es bald eine Lösung. Denn unter unerfahrenen Privatanlegern wie mir wurden Optionsscheine rasch immer beliebter. Damit konnte ich meinen verloren gegangenen Hebel wieder ersetzen.

Was so klingt, als könne es nicht gut enden, tat es natürlich auch nicht. Und so näherte sich mein Börsenkapital nach einigen Fehlinvestments und auch Abhebungen für spontane Urlaube stetig und zielstrebig dem Nullpunkt an.

Mein Börsen-Comeback: Erfolgreicher, aber viel zu stressig

Ohne nennenswertes Kapital nahm ich erst einmal eine Börsenauszeit von rund zwei Jahren, was nicht nur dem fehlenden Kapital, sondern auch dem Beginn meines Wirtschaftsstudiums geschuldet war. Dennoch war ich nach wie vor felsenfest davon überzeugt, dass ich nur über Aktien und Börse ein Vermögen würde aufbauen können.

Es dauerte allerdings bis 2006/2007, bis ich wieder ausreichend Kapital für die Börse hatte – und auch einen Plan, womit ich es diesmal versuchen wollte. Ich erinnerte mich an die Börsenkoryphäe André Kostolany, der gesagt hatte:

> »Wer viel Geld hat, kann spekulieren. Wer wenig Geld hat, sollte nicht spekulieren. Und wer gar kein Geld hat – der MUSS spekulieren.«

Ich hatte mehr oder weniger kein Kapital, also war klar, was ich tun musste. Ich fokussierte mich daher auf kleine, spekulative Werte und dabei insbesondere Rohstoffaktien, die Mitte der 2000er-Jahre stark gefragt waren. Eine kleine Anekdote am Rande: Ich erinnerte mich daran, wie inaktive Gold-Aktien Ende der 1990er-Jahre plötzlich senkrecht in die Höhe schossen, wenn daraus Internet-Unternehmen wurden. Mitte der 2000er wollte niemand mehr etwas von Internet-Aktien wissen, dafür waren Goldaktien wieder gefragt.

Mir wurde aber schon damals sehr schnell klar, dass man in diesem Marktsegment der kleinen Nebenwerte als normaler Anleger ganz am Ende des Informationsflusses stand, wenn man sich nicht durch Kontakte in dieser sehr speziellen Finanzwelt einen Informationsvorsprung verschaffte oder, noch besser, in frühen Finanzierungsrunden zu günstigeren Preisen einsteigen konnte.

Mit diesem Wissen im Hinterkopf begann ich, mir ein Netzwerk von Investoren, Finanziers und CEOs mehrheitlich aus der Rohstoffindustrie aufzubauen. Ich hatte das klare Ziel vor Augen, zum inneren Kreis gehören zu wollen und möglichst weit oben an der Quelle zu stehen, um zuerst klare, unverfälschte Informationen zu erhalten. Dazu besuchte ich ab 2010 jedes Jahr mehrere Investmentkonferenzen und schlug mich überall dort herum, wo ich die am besten vernetzten und erfolgreichsten Brancheninsider in größerer Zahl vermutete.

Nachdem ich an unzählige verschlossene Türen geklopft und genauso viele Klinken vergeblich geputzt hatte, sah ich ab 2013/2014 endlich erste Erfolge meiner Beharrlichkeit. Für die nächsten Jahre wurden Private Placements im Rohstoffsektor ein wesentlicher Werttreiber in meinem Depot. Allerdings kannst du mir glauben: Wenn dein Depot zwar gut diversifiziert, aber zu über 90 Prozent nur mit Hochrisikotiteln bestückt ist, sorgt die hohe Diversifikation trotz allem nicht für einen guten Schlaf.

Außerdem ist diese Anlageform nicht nur stressig, sondern auch sehr zeitintensiv, weil ich dafür regelmäßig rund um die Welt fliegen musste. Wegen der damit einhergehenden Kosten war ich auch »zum Erfolg verdammt«, was für mich zusätzlichen Druck bedeutete.

Die Dividendenstrategie als Ausweg

Kurzum: Ich wollte diese Strategie nicht mehr hauptsächlich verfolgen. Schließlich wollte ich von der Börse und nicht für die Börse leben. Deswegen entschied ich mich 2017/2018, einen Großteil meines Depots in Dividendentitel umzuschichten. Auch heute investiere ich nach wie vor einen kleinen Teil meines Vermögens in Private Placements und vorbörsliche Emissionen – aber eben nur noch in einem Ausmaß, in dem ich keinen Druck verspüre und es mir Spaß macht.

Allerdings konnte ich mich zu Beginn meiner Dividendenkarriere immer noch nicht lange von der Börse lösen und verfolgte die Aktienkurse nahezu täglich. Meinen Erfolg und Misserfolg definierte ich nach wie vor über die aktuellen Marktwerte meiner Aktienpositionen.

Dabei hatte ich meine Dividendenaktien doch gekauft, um von den Dividenden zu leben – und nicht von Kursgewinnen! Mir war dieser Widerspruch durchaus bewusst, aber ich konnte ihn selbst nicht auflösen.

Erst als ich 2020 zufällig über das englische Buch *The Income Factory* von Steven Bavaria stolperte, änderte sich meine Perspektive um 180 Grad. Der Gedanke, mein Depot als Fabrik zu sehen und den Erfolg nach dem jährlichen Output zu bewerten, schien mir genial. Leider war die darin beschriebene Strategie aber auf US-Anleger zugeschnitten. Und der Autor bestückte sein Depot fast ausschließlich mit Private-Debt-Fonds und BDC-Aktien. (Private-Debt-Fonds sind Fonds, die das Geld von Privatanlegern – ähnlich Banken – verschiedenen Unternehmen zur Verfügung stellen. In Deutschland sind sie für Privatanleger kaum zugänglich. BDC-Aktien erkläre ich später im Buch im Detail.) Somit passte die im Buch vorgestellte Strategie, die auf ein laufendes Einkommen durch Zinseinnahmen und Dividenden setzte, nicht so recht zu meiner Anlagephilosophie.

Ich musste mir also meine eigene Dividendenfabrik-Strategie entwickeln, die erstens für einen europäischen Anleger umsetzbar war und zweitens deutlich mehr auf Dividendenaktien setzte als auf Anleihen. Das Ergebnis meiner Arbeit findest du in diesem Buch!

Kann man nur von Dividenden reich werden?

Seitdem ich öffentlich mit meiner Dividendenfabrik-Strategie auftrete, werde ich vor allem eines immer wieder gefragt: Kann ein Anleger denn auch dann finanziell frei werden, wenn er von Anfang an nur in Dividendenaktien investiert? Immerhin versprechen diese keine signifikanten Kursgewinne, wie wir uns dies von Wachstumsaktien erhoffen.

Die häufigste Kritik, die mir entgegenschlägt, ist die, dass die Dividendenfabrik-Strategie nur für mich funktioniert, weil ich bereits vorher ausreichend Kapital aufgebaut habe. Doch ich glaube nicht, dass diese Kritik zutreffend ist. Ja, ich glaube sogar, dass sie umso weniger zutreffend ist, je früher man damit anfängt, sich seine Dividendenfabrik aufzubauen.

Zu meiner Erfolgsgeschichte gehört auch, dass ich eine Menge Kapital auf dem Weg zur finanziellen Freiheit verbrannt habe. Ich mag es nicht, meine Verluste zu berechnen, und werde ganz sicherlich nicht jetzt mein Wohlbefinden dadurch beeinträchtigen, die Summe aller Verluste meiner Börsenkarriere zu beziffern. Ich weiß, auch ohne ins Detail zu gehen, dass meine Verluste ganz komfortabel im siebenstelligen Bereich liegen.

Wegen dieser immer wieder signifikanten Verluste bin ich erst viel später an dem Punkt angekommen, an dem ich mich als finanziell frei bezeichnen konnte. Hätte ich tatsächlich seit 2000 konsequent an meiner Dividendenfabrik gebaut, wäre ich vermutlich schon früher an den Punkt finanzieller Unabhängigkeit gekommen.

Was aber auch klar ist: Ganz ohne Sparen (und somit verfügbares Einkommen) geht es natürlich auch nicht. Auf die eine oder andere Weise musst du deinen Kapitalstock aufbauen. Im folgenden Abschnitt möchte ich dir mit einem einfachen Beispiel zeigen, wie du in einem Alter von 30 Jahren mit null Vermögenswerten innerhalb von 15 Jahren dein Ziel der finanziellen Freiheit erreichen kannst. Vielleicht fällt deine monatliche Sparrate geringer aus und du brauchst 20 Jahre bis zum Erreichen deines Ziels. Oder du schaffst es sogar innerhalb von zehn Jahren.

10 Prozent p. a. mit Dividenden sind kein naiver Wunschtraum

Dividendenaktien werden regelmäßig im Hinblick auf ihr Potenzial unterschätzt, Vermögen aufzubauen. Und sie haben noch ein weiteres bedauernswertes Schicksal: Immer gibt es irgendeine Aktiengruppe, die gerade besser läuft als die Dividendenaktien. Und wenn der Bullenmarkt besonders stark ausgeprägt ist, so wie seit dem Pandemie-Crash, dann laufen sogar viele Aktien und andere Assets besser als Dividendenaktien.

Doch wer so argumentiert, der begeht einen Denkfehler. Denn um mit Dividendenaktien am Ende als Sieger dazustehen, musst du nicht in jedem einzelnen Jahr Performance-Sieger werden. Entscheidend ist vielmehr, dass du konstant eine solide, positive Performance erzielst. Dafür ist es wichtig, dass du vor allem in herausfordernden Jahren nicht zu schlecht abschneidest. Und da spielen Dividendenaktien ihre wahre Stärke aus. Wenn es kriselt und kracht, dann kann ein gut sortiertes Dividendendepot wie der Fels in der Brandung wirken.

Ich vergleiche die Performance von Dividendenaktien gerne mit der »Tour de France«, dem wichtigsten jährlichen Radrennen weltweit. Der Gewinner in der Gesamtwertung, der in Paris auf der letzten Etappe im gelben Trikot einfährt, ist kein Fahrer, der in jeder Etappe um den Sieg mitkämpft. Die eine oder andere Etappe gewinnt er vielleicht, aber zu-

Hypothetisches Wachstum von 1 Million von Januar 1928–Dezember 2017

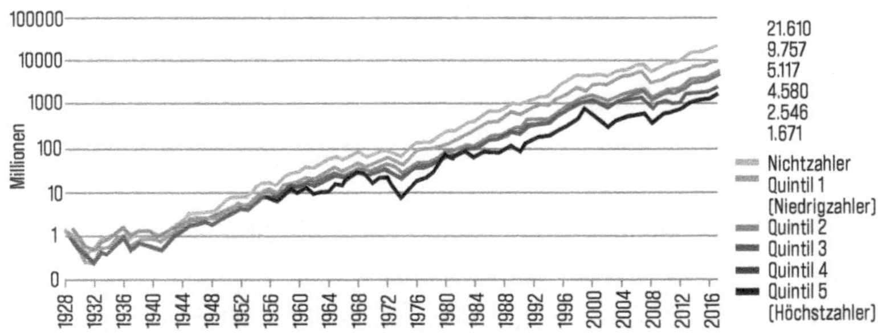

Tabelle 1	Nichtzahler	Quintil 1	Quintil 2	Quintil 3	Quintil 4	Quintil 5
durchschnittliche jährliche Gesamt rendite	8,60 %	9,10 %	9,95 %	9,82 %	11,73 %	10,75 %
annualisierte Standardabweichung	33,12	22,61	19,21	20,51	20,97	23,81
Sharpe-Ratio	0,16	0,25	0,34	0,31	0,39	0,31

Quelle: Kenneth R. French © und CRSP, 01.01.1928 – 31.12.2017

Abbildung 1: *Vermögensentwicklung von 1 Million US-Dollar von 1928 bis 2017. Sämtliche Aktiengruppen, in denen Dividenden ausgeschüttet wurden, schnitten über diesen Zeitraum besser ab als die Aktien der Unternehmen, die gar keine Dividende ausschütteten. Quelle: Heartland Advisors – Dividends: A Review of Historical Returns*

meist kommt er im Mittelfeld an. Er erleidet aber auf keiner Etappe einen richtigen Einbruch und gehört daher nie zu den letzten Fahrern im Feld.

Während die »Tour de France« mit einem knappen Monat Länge schon ewig zu dauern scheint, so solltest du für die Ertragskraft der Dividendenaktien einen noch längeren Beobachtungszeitraum wählen. Eine Untersuchung der Performance von US-Aktien kam zu dem Ergebnis, dass die Aktien mit der höchsten Dividendenrendite im Zeitraum von 1928 bis 2017 mit einer Rendite von 10,7 Prozent p. a. beeindruckten. Aktien, die keine Dividende zahlten, kamen dagegen nur auf 8,6 Prozent p. a. Sie liefen sogar schlechter als Aktien, die nur eine kleine Dividende zahlten, wie Abbildung 1 zeigt.

Wie du siehst, ist mein selbst gesetztes Ziel, eine jährliche Rendite von 8 bis 10 Prozent p. a. zu erzielen, gar nicht so unrealistisch. Und über längere Zeiträume entfalten vor allem die reinvestierten Dividenden eine gewaltige Ertragswucht.

In 15 Jahren zur finanziellen Freiheit – ein konkretes Beispiel

Um mit Dividenden ein Leben in finanzieller Freiheit zu führen, musst du nicht mit einem goldenen Löffel im Mund geboren werden. Du kannst es sogar dann noch in überschaubarer Zeit schaffen, wenn du heute noch keinen Euro Vermögen aufgebaut hast.

Im Folgenden möchte ich dir das an einem konkreten Beispiel des Anlegers Max zeigen. Max ist eine fiktive Figur, aber das hindert mich nicht daran, für Max zu Illustrationszwecken eine Lebensgeschichte zu kreieren.

Max ist 30 Jahre alt und seit fünf Jahren berufstätig. Er arbeitet als Freelancer im IT-Sektor und verdient damit 100.000 Euro brutto, was in etwa 5.600 Euro netto pro Monat entspricht. Bisher hat Max wenig gespart, sondern viel Geld fürs Reisen ausgegeben, um als junger Berufstätiger endlich die Welt sehen zu können, ohne dabei auf jeden Cent achten zu müssen.

Doch nun möchte er endlich anfangen, sich ein Vermögen aufzubauen, um in absehbarer Zukunft ein Dividendeneinkommen von mindestens 50.000 Euro pro Jahr zu erzielen. Da er davon ausgeht, in Zukunft sein Einkommen weiter steigern zu können und er heute aber gut von 2.600 Euro monatlich leben kann, möchte er ab sofort 3.000 Euro im Monat beiseitelegen.

Ich gehe davon aus, dass Max dabei eine durchschnittliche Dividendenrendite von 4,5 Prozent p. a. anstrebt und zusätzlich noch von einem Ertragswachstum von 5 Prozent p. a. profitiert. Damit erzielt er einen Total Return von 9,5 Prozent p. a. Diese Rendite liegt sogar noch unter dem langfristigen Ertrag von Dividendenaktien von 10,7 Prozent. Kann er diesen Return konsequent Jahr für Jahr realisieren und auch seine Sparrate beibehalten, so hat Max schon nach 15 Jahren sein Ziel erreicht – und das, obwohl er mit einem Vermögen von 0 Euro gestartet ist. Die Einzelheiten zeigt Tabelle 1.

Jahr	Angespartes Kapital	Depotwert	Dividende/Jahr
1	36.000 Euro	37.800,00 Euro	1.701,00 Euro
2	72.000 Euro	79.276,05 Euro	3.567,42 Euro
3	108.000 Euro	124.785,65 Euro	5.615,35 Euro
4	144.000 Euro	174.721,05 Euro	7.862,45 Euro
5	180.000 Euro	229.512,67 Euro	10.328,07 Euro
6	216.000 Euro	289.632,78 Euro	13.033,48 Euro
7	252.000 Euro	355.599,57 Euro	16.001,98 Euro
8	288.000 Euro	427.981,63 Euro	19.259,17 Euro
9	324.000 Euro	507.402,84 Euro	22.833,13 Euro
10	360.000 Euro	594.547,76 Euro	26.754,65 Euro
11	396.000 Euro	690.167,53 Euro	31.057,54 Euro
12	432.000 Euro	795.086,33 Euro	35.778,88 Euro
13	468.000 Euro	910.208,47 Euro	40.959,38 Euro
14	504.000 Euro	1.036.526,25 Euro	46.643,68 Euro
15	540.000 Euro	1.175.128,42 Euro	52.880,78 Euro

Tabelle 1: *Vermögensentwicklung über 15 Jahre bei 9,5 Prozent p. a. Total Return. Wenn Max es schafft, wie geplant 3.000 Euro pro Monat zu sparen, dann hat er sein Ziel (mind. 50.000 Euro Einkommen aus Dividenden) bereits nach 15 Jahren erreicht.*

Diese Rechnung ist natürlich bewusst einfach gehalten, und ich kann deine Fragen schon hören: Zahlt Max denn keine Krankenversicherung? Was ist, wenn Max mal eine Familie gründet und für höhere Lebenshaltungskosten aufkommen muss als heute?

Das sind alles berechtigte Einwände. Aber dennoch zeigt dieses einfache Beispiel Folgendes:

- Es ist durchaus möglich, mit Dividendenaktien ein Vermögen aufzubauen, welches ein Leben in finanzieller Freiheit ermöglicht.
- Du musst dazu nicht mit einem stattlichen Vermögen starten, auch wenn ein solches das Erreichen deiner Ziele natürlich einfacher macht.
- Je nachdem, wie viel du beiseitelegen kannst, dauert es gar nicht so lange, bis du dein Ziel erreicht hast. Es ist also auch mit Mitte 30 oder Anfang 40 noch möglich, deine persönliche Mission hin zur finanziellen Freiheit zu starten.

Das Rechenbeispiel zeigt aber auch:

- Je früher du anfängst, desto eher erreichst du dein Ziel beziehungsweise desto geringer sind die Entbehrungen, die du auf dich nehmen musst. Mit anderen Worten: Es reichen geringere Sparraten, weil der Zinseszinseffekt sich über die Dauer ausgesprochen positiv auswirkt.
- Dein monatliches Sparpotenzial ist neben der erzielten Rendite dein größter Hebel. Diese Erkenntnis ist so wichtig, dass ich im (letzten) Abschnitt dieses Kapitels noch einmal gesondert darauf eingehen möchte. **Wenn du unter 30 bist, solltest du die nächsten Zeilen mit größter Aufmerksamkeit lesen.**

Wenn du jung bist, investiere zuerst in dich selbst und erst dann in dein Depot!

Vermutlich hast du kurz geschluckt, als du gelesen hast, dass der 30-jährige Max in meinem Rechenbeispiel jeden Monat 3.000 Euro ansparen kann. Das kann er natürlich nur, weil er nicht als ungelernte Hilfskraft arbeitet, sondern in einem hochqualifizierten, gefragten Beruf.

Wenn du in deinen 20ern bist, dann stellst du in den meisten Fällen die Weichen für dein zukünftiges Einkommenspotenzial. Und nein, mein Ratschlag lautet jetzt nicht: »Kind, absolviere ein ordentliches Studium.« Es gibt in der heutigen Zeit unendlich mehr Möglichkeiten, als nur über ein Universitätsstudium zum Erfolg zu kommen.

Trotzdem entbindet dich dies nicht von deiner persönlichen Verantwortung, zu lernen und dich so weit zu qualifizieren, dass du deiner Umwelt einen Mehrwert bietest, für den dich andere gut bezahlen wollen. Zur persönlichen Qualifikation gehört übrigens auch der Aufbau eines persönlichen Netzwerks. Wer soll deine Leistungen in Anspruch nehmen, wenn dich niemand kennt?

Hätte ich im Alter zwischen 20 und 30 nur die Hälfte meines Kapitals und meiner Zeit in meine persönliche Entwicklung und Weiterbildung gesteckt, ich hätte meine finanziellen Ziele vermutlich schon zehn Jahre früher erreicht. Ich bin ein gutes Beispiel dafür, dass es nie zu spät ist, die eigenen Ziele zu erreichen. Aber ich bin ein schlechtes Beispiel dafür, diese systematisch anzugehen. Wenn du also noch keine 30 bist, dann überlege dir sehr gut, wo du deine finanziellen und zeitlichen Ressourcen investierst. Wenn du zuerst in dich selbst und dann in dein Depot investierst, wirst du deine finanzielle Freiheit vermutlich schneller genießen können!

Ich hoffe, meine persönliche Börsengeschichte, gepaart mit den Erkenntnissen, die ich daraus gewonnen habe, hat dir gezeigt: Auch du kannst es schaffen. Finanzielle Freiheit mit Dividendenaktien ist kein Hexenwerk! Es gehört auch kein Glück dazu, sondern eiserne Selbstdisziplin führt beinahe unausweichlich zum Erfolg.

Du musst allerdings bereit sein, die Verantwortung für dieses Ziel persönlich zu übernehmen. Bist du dazu bereit? Dann lass uns jetzt wieder zur Börse zurückkehren. Im nächsten Kapitel stelle ich dir die Grundsäulen meiner Dividendenfabrik-Strategie ausführlich vor.

Die drei Grundsäulen der Dividendenfabrik

Die Dividendenfabrik ist meine persönliche Lösung für ein stressfreies, risikoarmes, regelmäßiges und lukratives Einkommen. Ich habe die Dividendenfabrik nicht über Nacht in der aktuellen Form erfunden – und ich bin sicherlich auch nicht der einzige Anhänger dieser Idee. Allerdings habe ich im deutschsprachigen Raum noch kein Buch gefunden, das ein vergleichbares Konzept detailliert und umfassend vorstellen würde.

Ich gehe daher davon aus, dass diese Anlagestrategie auch für dich – zumindest in Teilen – neu ist. Bevor ich dir also die einzelnen Bausteine meiner Strategie vorstelle, möchte ich dir erst einmal die Philosophie dahinter erläutern. Die Dividendenfabrik basiert auf drei Grundsäulen, die mir persönlich beim Anlegen wichtig sind.

1. Grundsäule: Ein regelmäßiges Einkommen

Mein Ziel besteht darin, von meinen Investments an der Börse leben zu können. Noch konkreter lautet die Zielsetzung: Ich möchte in der Lage sein, davon meinen täglichen Unterhalt zu bestreiten. Idealerweise werfen meine Anlagen also mehrmals im Quartal (oder sogar monatlich) Erträge ab, mit denen ich Lebensmittel einkaufen, Miete (oder die laufenden Kosten fürs Wohnen) zahlen und auch meine Freizeitaktivitäten bestreiten kann.

Für Einkünfte an der Börse gibt es nur zwei mögliche Quellen: Kursgewinne oder Dividenden beziehungsweise Zinsen. Die Einkünfte aus Kursgewinnen können gewaltig sein, keine Frage. Wenn man aber auf regelmäßige Einkünfte angewiesen ist, sind Kursgewinne keine zuverlässige Einnahmequelle. Erfolgreiche Daytrader werden mir an dieser Stelle widersprechen. Und natürlich gibt es auch Anleger, die mit Trading-Strategien ihr Einkommen erzielen. Doch dafür muss man jederzeit am Puls der Märkte sein und sich täglich mit der Börse beschäftigen. Das ist für mich keine Option.

Bleiben noch die Erträge aus Dividenden und Zinsen. Sie landen regelmäßig und sogar relativ gut planbar auf meinem Konto. Deswegen fokussiert sich die Dividendenfabrik ausschließlich auf Einkünfte aus Dividenden und Zinsen.

In der Vergangenheit wurde ich daher häufiger gefragt, ob diese Strategie denn auch zur Altersvorsorge geeignet sei, wo sie sich doch nur auf Dividenden und Zinsen konzentriere. Dahinter steckt der Gedanke, dass ich durch die Fokussierung auf Dividendenaktien auf die langfristig enormen Erträge aus Kursgewinnen verzichten würde.

Doch diese Rechnung hat einen Schönheitsfehler: Denn für den mächtigen Zinseszins-Effekt ist es gleichgültig, ob meine Erträge aus Kursgewinnen oder Aktien kommen. Wenn du deine Dividenden also noch nicht zum Leben brauchst, kannst du diese wieder anlegen. Bei einer kompletten Wiederanlage erhältst du (Steuereffekte einmal ignoriert) das gleiche Ergebnis. Es spielt also keine Rolle, ob du 6 Prozent aus Dividenden und 4 Prozent aus Kursgewinnen erzielst oder umgekehrt.

Für mich persönlich sind Erträge aus Dividenden sogar die deutlich stressfreiere Quelle zum Vermögensaufbau. Warum das so ist, erläutere ich im nächsten Abschnitt.

2. Grundsäule: Stressfrei und entspannt Geld verdienen

An der Börse kannst du auf viele verschiedene Arten Geld verdienen. Je mehr Nervenkitzel du verträgst, desto höher können die Gewinne kurzfristig ausfallen. Doch es gibt noch einen weiteren Zusammenhang: Je höher deine gewünschten Gewinne ausfallen sollen, desto mehr musst du dich auch mit der Börse beschäftigen.

Mir ist es inzwischen wichtig, möglichst stressfrei und entspannt mein Geld zu verdienen. Sämtliche Strategien, die ein tägliches Engagement erfordern, scheiden daher bei mir aus. Allerdings gehört zum stressfreien und entspannten Geldverdienen für mich noch mehr: Ich möchte auch möglichst geringe Schwankungen in meinem Depot sehen. Denn ich gebe zu: Ich gehöre nicht zu den Leuten, die besonders gut schlafen, wenn mein Depot in einer Woche um 10 Prozent steigt oder fällt.

Zinsen und Dividenden sind daher auch für meine zweite Grundsäule die ideale Einnahmequelle. Denn Zinsen und Dividenden sind deutlich besser planbar als Kursgewinne. Gerade wenn du dir Emittenten aussuchst, die schon seit Jahrzehnten stabile oder gar steigende Ausschüttungen tätigen, spricht wenig dafür, dass sich dies ausgerechnet jetzt ändert.

Außerdem ändern sich die Ausschüttungen nicht unmittelbar, wenn der Kurs eines Wertpapiers um 5 Prozent steigt oder fällt. Das letzte wirklich gute Beispiel hat der Corona-Crash im März 2020 geliefert. Obwohl einige meiner Anlagen vorübergehend 20 Prozent bis 30 Prozent an Wert eingebüßt haben, wurden nur in ganz wenigen Fällen die Ausschüttungen reduziert oder gar ausgesetzt. Aktuell befindet sich nur noch ein Titel in meinem Depot, der nicht wieder das Ausschüttungsniveau der Vor-Corona-Zeit erreicht hat. Die meisten Unternehmen schütten heute sogar mehr aus als je zuvor.

Wäre ich also im Januar 2020 in den entlegensten Winkel der Welt in den Urlaub geflogen und heute erst zurückgekehrt – ich hätte den Corona-Crash zumindest beim Blick auf mein Depot gar nicht gemerkt. Nicht nur, weil der Marktwert meines Depots heute höher ist. Sondern – und das ist viel wichtiger – weil die Ausschüttungen zwischendurch auch zuverlässig auf mein Konto geflossen sind. Wenn ich allein auf diese Einnahmen angewiesen wäre, hätte ich also weiterhin meinen Lebensunterhalt bestreiten können, ohne den Gürtel enger schnallen zu müssen.

Die vorübergehenden Schwankungen waren für mein Anlageziel vollkommen irrelevant, und ich musste trotz des sehr turbulenten Börsengeschehens nur selten auf mein Depot schauen. Genau das ist es, was ich unter stressfreiem und entspanntem Geldverdienen verstehe.

Zum entspannten und stressfreien Geldverdienen gehört für mich aber auch noch ein anderer Punkt. Ich investiere mein Kapital in Anleihen, Aktien, Fonds, Vorzugsaktien amerikanischen Typs und dann auch noch in verschiedenste Länder und Branchen. Wenn ich hier für jedes Investment eine Woche Recherche einplanen müsste, wäre ich über ein Jahr voll beschäftigt, um mein Depot überhaupt erst einmal anständig zu füllen.

Die anschließende Überwachung des Depots wäre nicht minder aufwendig. Stattdessen habe ich mich für einen aus meiner Sicht akzeptablen Mittelweg entschieden. Denn ich bin ein großer Fan des Pareto-Prinzips. Falls du das Pareto-Prinzip noch nicht kennst: Es besagt, dass 20 Prozent des Aufwands normalerweise für 80 Prozent des Ergebnisses verantwortlich sind – oder sogar 4 Prozent für 64 Prozent, was ich noch eindrucksvoller finde.

Gemäß diesem Prinzip betrachte ich bei jeder Anlagegattung nur die wichtigsten Kennzahlen und Faktoren, die erwiesenermaßen einen großen Einfluss auf die Höhe zukünftiger Dividenden- oder Zinszahlungen haben. Die weiteren Details berücksichtige ich absichtlich nicht, sofern sie mir nicht geradezu ins Gesicht springen.

Ich bin aber realistisch und gehe fest davon aus, dass mir im Laufe meiner Investmentkarriere immer wieder mal Details entgehen, die sich im Nachhinein doch als relevant erweisen. Um die Auswirkungen einer solchen Fehlentscheidung zu beschränken, habe ich eine relativ geringe Maximalgewichtung je Einzelposition. Was ich darunter genau verstehe, besprechen wir später im Kapitel »So baust du in drei Schritten ein robustes Dividendendepot auf, das dir jeden Monat Geld einbringt«.

3. Grundsäule: Geringeres Crash-Risiko

Ich möchte es gleich vorausschicken: Wenn ein Ereignis wie der Corona-Crash die Märkte trifft, bleibt kein Depot komplett verschont. Ich kann zurückblickend aber sagen, dass mein Depot insgesamt deutlich weniger Schwankungen verkraften musste als die großen Indizes oder gar Wachstumsaktien (Apple, Amazon usw.).

Dies liegt weniger daran, dass ich hellseherische Fähigkeiten hätte, sondern eher an der Zusammensetzung meines Depots. Ich achte darauf, dass mein Depot unterm Strich eine möglichst geringe Korrelation mit dem Mainstream – also den großen Indizes, den meisten Dividenden-Aristokraten und weiteren Standardaktien – hat.

Was sind Dividenden-Aristokraten?

Dividenden-Aristokraten sind so etwas wie die »Königsklasse« unter den Dividendenaktien. Gemeint sind Unternehmen, die ihre Dividende seit mindestens 25 Jahren **ununterbrochen erhöht** haben. Und zwar nicht irgendwie, sondern Jahr für Jahr – unabhängig von Wirtschaftskrisen, Börsencrashs oder Pandemien. Diesen Titel bekommt also nur, wer über Jahrzehnte hinweg beweist, dass sein Geschäftsmodell stabil, profitabel und krisenfest ist.

Typische Dividenden-Aristokraten sind große, etablierte Konzerne mit bekannten Marken, etwa aus den Bereichen Konsumgüter, Industrie oder Gesundheitswesen. Ihre Produkte werden täglich gebraucht – unabhängig davon, ob die Börse gerade boomt oder nicht. Genau deshalb erzielen diese Unternehmen meist sehr konstante Einnahmen. Und aus diesen Gewinnen zahlen sie regelmäßig steigende Dividenden an ihre Aktionäre.

Natürlich sind auch Dividenden-Aristokraten keine Garantie für Kursgewinne oder dauerhaft steigende Ausschüttungen. Doch historisch betrachtet haben sich diese Unternehmen als besonders widerstandsfähig erwiesen. Genau das macht sie zu einem populären Investment für Dividendenanleger.

Damit wir uns nicht missverstehen: Dividenden-Aristokraten sind gute Aktien, und auch ich habe einige davon im Depot. Allerdings nur wenige, da sie aufgrund ihrer hohen Bekanntheit und Beliebtheit unter Anlegern nur selten wirklich günstig zu haben sind. Und es gibt auch noch einen weiteren Nachteil, auf den ich gleich zu sprechen komme.

Ich habe auch so gut wie keine Leitindex-ETFs in meinem Depot (wohl aber Dividenden-ETFs, dazu später mehr). Meine liebsten Aktienkandidaten sind zwar profitabel und ausschüttungsstark, aber sie spielen in der zweiten Liga. Darüber hinaus halte ich Finanzinstrumente wie Preferred Shares, CEFs oder Baby Bonds, die von Natur aus nur eine geringe Korrelation mit den großen Indizes aufweisen. (Welche Geldanlagen sich hinter diesen Begriffen verbergen, erkläre ich im nächsten Kapitel.)

Wenn nun eine Korrektur stattfindet, liegen meine Einzelanlagen zumeist weiter weg vom Epizentrum der Korrektur.

Wie sich Dividenden-Aristokraten verhalten, die ja Bestandteil der großen Aktien-Indizes sind, habe ich gerade schon beschrieben. Sie werden zwangsläufig in einer Korrektur gleich von mehreren Seiten attackiert. Sie sind in großen Dividendenfonds häufig stark gewichtet, in Indexfonds sind sie zwangsläufig enthalten. Werden diese Anlagen nun verkauft, müssen unausweichlich auch die Dividenden-Aristokraten mitverkauft werden – völlig unabhängig davon, ob man als Anteilseigner diese konkreten Aktien lieber behalten würde oder nicht.

Um die Schwankungen und das Crash-Risiko weiter zu reduzieren, rate ich dir zu einer konsequenten Risikostreuung. Wie bereits erwähnt, solltest du dein Vermögen auf ausreichend viele Positionen verteilen. In meiner persönlichen Dividendenfabrik besitzt keine Position eine höhere Gewichtung als 2 Prozent. Das bedeutet im Umkehrschluss, dass ich immer rund 50 Positionen in meinem Depot halte. Das klingt erst mal nach viel. Aber ich kann dich beruhigen: Da ich keine spekulativen Positionen halte, bedarf mein Depot keiner ständigen Überwachung.

Wenn du entsprechend meiner Dividendenfabrik dein Depot aufbaust, dann brauchst du deine Positionen nicht häufiger als einmal pro Quartal überprüfen. Denn letztendlich ist es für den Erfolg deiner Dividendenfabrik nur entscheidend, dass der regelmäßige Cashflow nicht sinkt und im Idealfall sogar wächst. Das kannst du mit ein wenig Übung in wenigen Minuten mit einem geübten Blick auf die Quartalszahlen eines Unternehmens überwachen. Dann sind auch 50 oder mehr Positionen kein Problem.

So messe ich den Erfolg meiner Dividendenfabrik

Jede Strategie ist für dich nur so gut, wie sie deinem persönlichen Anlageziel dient. Das gilt auch für meine Dividendenfabrik. Der naheliegendste Weg wäre, den Marktwert des eigenen Depots plus der Ausschüttungen, also den Total Return des Depots, zu messen. Das mache ich auch für eine bessere Vergleichbarkeit mit anderen Dividendenstrategien, allerdings ist die Aussagekraft für mich eher begrenzt.

Stattdessen denke ich eher wie ein Unternehmer: Für mich ist ein Börsenjahr dann erfolgreich, wenn ich mit gleichbleibendem Kapitaleinsatz meine monatlichen Ausschüttungen aus Dividenden und Zinsen steigern konnte. Die Entwicklung meiner monatlichen Einnahmen aus meinem Depot und die Rendite auf mein eingesetztes Kapital sind mir wichtiger als vorübergehende Kursschwankungen.

Da ich einen großen Teil meiner Ausschüttungen reinvestiere, kann ich nicht nur auf die absolute Höhe der Ausschüttungen schauen, sondern muss auch die Rendite auf mein eingesetztes Kapital berücksichtigen. Wie ich das mache, zeige ich dir an einem Beispiel:

Sagen wir, ich hätte im Jahr 2022 eine Summe von 100.000 Euro investiert und darauf Ausschüttungen in Höhe von 8.000 Euro erzielt. Dies entspräche einer Rendite von 8 Prozent auf das eingesetzte Kapital (Rendite = 8.000 Euro / 100.000 Euro).

Im Jahr 2023 habe ich besagte 8.000 Euro komplett reinvestiert und dazu noch neues Kapital (z. B. aus anderem Einkommen) in Höhe von 20.000 Euro investiert. Insgesamt sind in meinem Depot jetzt also 128.000 Euro investiert. Ist es nun ein Erfolg, wenn dieses Depot 11.000 Euro an Zinsen und Dividenden generiert?

Das ist es, denn: 11.000 Euro / 128.000 Euro = 8,6 Prozent. Ich habe also nicht nur mein jährliches Einkommen um 3.000 Euro gesteigert, sondern zudem noch eine höhere Rendite erzielt.

Genau nach diesen Kennzahlen, Eigenkapitalrendite und Ertrag, würde auch ein Unternehmer seine Fabrik bewerten. Der typische Börsianer handelt hingegen anders: Er ruft jeden Tag seinen Makler an und fragt, für welchen Preis er seine Fabrik heute verkaufen kann.

Nichts anderes tust du, wenn du die Aktienkurse in deinem Depot anschaust.

Der Unternehmer hat es da einfacher als wir Anleger. Für sein Unternehmen existiert kein allgemein gültiger Marktpreis, den er jederzeit in Echtzeit abrufen könnte. Er ist alleine deshalb schon gezwungen, langfristiger zu denken. Auch mir sind diese kurzfristigen Momentaufnahmen inzwischen zu stressig. Doch als Börsianer können wir uns nur davon lösen, wenn wir das Investieren aus einer anderen Perspektive betrachten. Mir hat die Strategie der Dividendenfabrik nachhaltig dabei geholfen, mich von dem täglichen Auf und Ab des Marktes zu lösen und mich stattdessen an der langfristig positiven Entwicklung meines Depots zu erfreuen.

Kannst du dich auch für diese Strategie begeistern?

Die wichtigsten Kriterien meiner Einkommensstrategie kennst du nun: regelmäßiges Einkommen, kein hoher Zeitaufwand und ruhiger Schlaf sowie möglichst geringe Korrelation mit den großen Aktienindizes. Eine Strategie, die all diesen Anforderungen gerecht wird, würde wohl niemand ablehnen wollen.

Aber wie jede Medaille hat auch diese Strategie zwei Seiten – so ehrlich möchte ich mit dir sein. Wenn du auf der Suche nach schnellen, spektakulären Gewinnen bist, dann musst du besser woanders suchen. Denn ein wesentlicher Bestandteil dieser Strategie besteht darin, lange und häufig einfach gar nichts zu tun. Das ist für viele Anleger schwerer, als es klingt!

Die meiste Zeit besteht meine Aufgabe nur darin, die regelmäßigen Quartalsberichte und Analysten-Verlautbarungen zu lesen, um sicherzustellen, dass die Dividendenausschüttungen meiner Portfoliounternehmen nicht gefährdet sind. In der jüngeren Vergangenheit habe ich zum Beispiel im Jahr 2024 nur wenige Dividenden sofort reinvestiert. Meine Depots hatten allesamt ihr Maximum an Einzelpositionen erreicht, und ich wollte keine Position weiter aufstocken oder veräußern.

Erst als US-Präsident Donald Trump im Jahr 2025 mit seinem angekündigten Handelskrieg die Aktienmärkte in einen kurzen Crash schickte, wurden einige Aktienpositionen so günstig, dass ich damals verfügbares Kapital sofort reinvestierte.

Für den Erfolg der Dividendenfabrik ist es daher wichtig, dass du lange Zeit die Disziplin und Geduld hast, abzuwarten. Aber dass du auch dann handelst, wenn es sich wirklich lohnt, und die Gelegenheit zum günstigen Einstieg nutzt. Das erfordert manchmal Mut, weil die besten Einstiegszeitpunkte sich oft dann bieten, wenn die Mehrheit der Anleger in Angst und Panik verfallen ist.

Wenn du diese Geduld und diesen Mut mitbringst und regelmäßig planbare Erträge erzielen möchtest, von denen du mit der Zeit sogar leben kannst, dann ist die Dividendenfabrik eine gute Wahl für dich!

Jede Dividendenfabrik ist individuell – so sieht meine aus

Wenn du der Lektüre dieses Buches noch immer treu geblieben bist, dann kannst du es nach den ganzen Vorbemerkungen wohl kaum mehr erwarten, endlich die einzelnen Bausteine meiner Dividendenfabrik kennenzulernen und in ihre Details einzusteigen. In meinem ersten Entwurf dieses Buches wäre es jetzt an dieser Stelle auch damit losgegangen. Doch das Feedback aus meinem Freundes- und Bekanntenkreis hat mich dazu bewogen, zunächst noch dieses Kapitel dazwischenzuschieben.

Ich habe festgestellt, dass die bloße Aufzählung und Beschreibung der einzelnen Bausteine bei meinen Lesern für mehr Fragen als Antworten gesorgt hat. Am häufigsten kam die Frage auf: Ist mein Depot nur vollständig, wenn ich alle Bausteine in meinem Depot verwende? Und falls ja, wie viel soll ich in jeder Kategorie anlegen?

Deswegen habe ich mich entschieden, an dieser Stelle meinen eigenen Ansatz vorzustellen und Angaben dazu zu machen, wie ich diese Bausteine in meinem Depot einsetze. Aber Achtung: Diese Vorstellung dient nur dem besseren Verständnis. Am Ende des Tages ist jedes Depot individuell, und keine Dividendenfabrik wird 1:1 der anderen gleichen. Ja nicht einmal das Depot meiner Frau, welches ich ebenfalls nach der gleichen Strategie manage, ist 1:1 mit meinem eigenen identisch. Zwischen deinem und meinem Depot wird es vermutlich sogar noch größere Unterschiede geben – und das ist vollkommen okay!

Du musst in deinem Depot nicht alle Bausteine verwenden, die ich dir hier vorstelle. Selbst ich habe nicht immer alle Bausteine in meinem Depot. Allerdings habe ich mir persönlich drei Unterdepots angelegt, und nach dieser Systematik werde ich dir im nächsten Kapitel auch die einzelnen Bausteine vorstellen.

Die drei Unterdepots habe ich mir nur aus Gründen der Übersichtlichkeit angelegt. Durch die Aufteilung kann ich bei meiner Depotbank »Interactive Brokers« auf einen Blick die Performance in den einzelnen Bereichen sehen. So merke ich recht schnell, ob mein Erfolg vor allem von einem Depot getragen wird oder ob alle Depots und Investments zusammen ihren Beitrag dazu leisten. Fällt ein Unterdepot mit seiner Performance über längere Zeit negativ auf, dann muss ich meine Strategie für diesen Bereich überarbeiten. Hätte ich alles in einem Depot zusammen, wäre mir diese Unterperformance in einem Bereich dagegen erst spät oder gar nicht aufgefallen.

In diese drei Unterdepots habe ich meine Investments eingeteilt

1. Dividendenaktien und ETFs: Dieses Depot ist mein größtes Depot, denn natürlich möchte ich hauptsächlich in Dividendenaktien anlegen. Da ich dazu alles Wissenswerte im nächsten Kapitel schildere, ist an dieser Stelle nur eine Anmerkung wichtig: BDC-Aktien und REITs (Real Estate Investment Trusts; börsengehandelte Immobilienunternehmen) befinden sich nicht in diesem Depot, ebenso wenig wie Preferred Shares (Vorzugsaktien amerikanischen Typs). Mit diesem Depot möchte ich wirklich nur den Aktienmarkt im klassischen Sinne abdecken.

Wenn ich ETFs halte, dann ausschließlich Aktien-ETFs. Deshalb habe ich diese ebenso diesem Unterdepot zugeordnet. Falls du dich jetzt wunderst, dass ich doch in ETFs investiere: Ich erkläre noch ausführlich, in welchen Fällen ich mich für ETFs entscheide.

2. Fixed Income, mein Fels in der Brandung: In diesem Depot halte ich alle Anlagen, die Zinszahlungen erwirtschaften, oder Investments, die zumindest einen zinsähnlichen Charakter haben. Dazu gehören ganz offensichtlich erst einmal Anleihen und Baby Bonds. Aber auch Preferred Shares (Vorzugsaktien amerikanischen Typs) entwickeln sich ähnlich wie Anleihen und leisten ebenfalls fixe Ausschüttungen, wenngleich diese als Garantiedividenden und nicht als Zinsen deklariert werden.

Streiten könnten wir uns darüber, ob auch BDC-Aktien in dieses Depot gehören. Immerhin sind die Dividenden in der Höhe nicht garantiert, wie das bei einem Anleihekupon oder einer Garantiedividende der Fall ist. Allerdings reagieren sie sehr ähnlich wie Anleihen und Preferred Shares auf Zinsentwicklungen und erwirtschaften ihr Einkommen durch die Vergabe von Krediten. Insofern gehören sie meiner Meinung nach auch in dieses Depot.

Zu guter Letzt befinden sich auch Fixed-Income-Fonds, also Fonds, die in Darlehen und Schuldverschreibungen aller Art investieren, in diesem Depot.

Im Vergleich zu meinem Aktiendepot erwarte ich in diesem Depot eine etwas geringere Rendite, aber auch weniger Volatilität (geringere Schwankungen). Die höhere Stabilität gilt übrigens sowohl für die Marktwertentwicklung als auch für die zu erwartenden Ausschüttungen, die hier ja größtenteils garantiert sind.

3. Mein Immobilien-Depot: Immobilien gelten als eigene Assetklasse. Und auch wenn REITs wie Aktien an der Börse gehandelt werden, ist ihre Korrelation mit dem übrigen Aktienmarkt geringer. REITs entwickeln sich aber auch nicht wie Anleihen, wenngleich sie sensibler auf Zinsänderungen reagieren als klassische Aktien.

REITs bringen aber Eigenschaften mit, die weder klassische Dividendenaktien besitzen, noch im Fixed-Income-Bereich gefunden werden können. REITs werden immer wieder als besonders guter Rezessions-Schutz im Depot gelobt. Natürlich können in einer schweren Rezession einzelne Mieter ausfallen, aber die große Mehrheit wird doch weiter ihre Mieten zahlen. Bei klassischen Dividendenaktien hängt es dagegen stark vom Geschäftsmodell ab, wie stark ein Unternehmen von einer Wirtschaftskrise getroffen sein kann.

Wer Anleihen kauft, befindet sich in einer ähnlich komfortablen Lage in einer Rezession. Was für Anleihen und sämtliche Fixed-Income-Investments aber gefährlich wird, ist eine steigende Inflation. Je höher die Inflation, desto geringer der reale Zinsertrag. REITs haben dagegen häufig Mietverträge, die an die Inflation gekoppelt sind. Bei höherer Inflation steigen dann auch die Mieteinnahmen entsprechend schneller. Darüber hinaus gelten Immobilien auch grundsätzlich als guter Inflationsschutz und kompensieren die Inflation zudem mit Wertsteigerungen.

Immobilien gelten daher zu Recht als eigene Anlageklasse, und ich habe mich daher entschieden, meine REIT-Investments ebenso separat in diesem Bereich einzuordnen.

Fazit zu meiner Depot-Aufteilung

Entsprechend der obigen Logik werde ich die verschiedenen Bausteine meiner Dividendenfabrik auch jeweils zusammen in den Kategorien Dividenden, Fixed-Income-Investments und Immobilien vorstellen. Diese Systematik musst du aber so nicht 1:1 übernehmen – vielleicht erscheint dir eine andere Aufteilung viel logischer.

Es spricht aber einiges dafür, wenigstens Aktien und anleihenähnliche Investments – also auch Preferred Shares – getrennt in zwei Depots zu halten. Denn so behältst du neben der Wertentwicklung auch einen besseren Überblick über deine Gewichtung »Dividenden versus Zinsen«.

Die Bausteine der Dividendenfabrik

Jetzt bist du beim Herzstück dieses Buchs angekommen. Hier verrate ich dir im Detail die einzelnen Bausteine meiner Dividendenfabrik. Ich gehe stark davon aus, dass du weißt, was eine Aktie ist. Aber kennst du auch CEFs, Preferred Shares und Baby Bonds? Diese Anlagen sind in Deutschland eher weniger bekannt. Die Abschnitte zu diesen Anlagen sind daher etwas länger, da ich dir diese im Detail erklären möchte.

Doch alle Theorie ist grau. Und da ich mich selbst schon über zu viele hochtheoretische Börsenbücher geärgert habe, gibt es zu jedem Baustein noch einen praktischen Teil: Hier erkläre ich dir genau, nach welchen Kriterien ich meine Kaufkandidaten aus dem jeweiligen Bereich aussuche. Um es dir so einfach wie möglich zu machen, gebe ich dir dabei jeweils eine konkrete Checkliste an die Hand.

In diesen Checklisten tauchen auch immer wieder Kennzahlen auf, die du im Finanzbericht eines Unternehmens findest. Mir persönlich ist es zu aufwendig, diese Zahlen jeweils nachzuschlagen. Ich greife daher auf einen Datenservice namens Koyfin.com zurück. Der Plus-Service kostet weniger als 50 US-Dollar im Monat und bietet für sehr viele Aktien weltweit die wichtigsten Finanzkennzahlen auf einen Blick. Außerdem kann ich mit Koyfin.com auch ganz gezielt nach Aktien mit hoher Dividendenrendite suchen.

Koyfin.com ist mein persönlicher Favorit, aber es gibt auch Alternativen wie zum Beispiel Tikr.com. Die Basis-Funktionen sind bei beiden Anbietern sogar kostenlos verfügbar, sodass du in Ruhe entscheiden kannst, ob einer der beiden Services eine Hilfe für dich ist.

Nicht ganz so umfangreich vom Datenmaterial, dafür immer kostenlos, ist der Finanzbereich von Yahoo: finance.yahoo.com. Hier kannst du die relevantesten Daten ebenfalls finden.

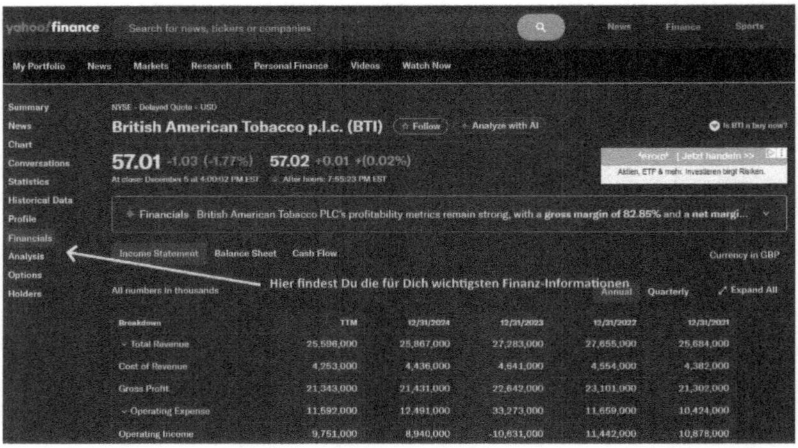

Abbildung 2: *Yahoo! Finance. Unter »Financials« findest du für sehr viele Aktien die für dich relevanten Informationen zu Einkommen und Ertrag sowie zum Cashflow des jeweiligen Unternehmens.*

Bevor es losgeht: Nutze deinen Vorteil als wendiger Privatanleger

Du hast von dem endlosen Streit unter Finanzexperten vermutlich schon mal gehört. Kannst du als Anleger den Markt schlagen? Ja oder nein? Es gibt zahlreiche Untersuchungen, die zu dem Ergebnis geführt haben, dass nur ganz wenige Fondsmanager die Marktperformance für lange Zeit übertreffen können.

Das ist eines der geläufigsten und stärksten Argumente für Index-ETFs. Warum solltest du dich um eine gute Aktienauswahl bemühen, wenn nicht einmal die Profis den Markt schlagen können? Was dir die Befürworter von ETFs und Index-Fonds aber gerne verschweigen, ist, dass die untersuchten Fondsmanager zumeist auch sehr hohe Millionen- oder gar Milliardenbeträge verwalten.

Je größer das Depot, desto schwieriger wird es, attraktive Anlagemöglichkeiten für das verwaltete Kapital zu finden. Wie soll ein Fonds mit 2 Milliarden Euro beispielsweise 2 Prozent seines Fondsvolumens in ein Unternehmen mit einer Marktkapitalisierung von 200 Millionen

Euro investieren. Dafür müsste der Fonds 10 Prozent der Firmenanteile kaufen. Davon einmal abgesehen wäre es vermutlich sehr herausfordernd, so eine Position auf- oder auch wieder abzubauen, ohne den Kurs merklich zu beeinflussen. Große Fonds haben also nicht nur regulatorische Herausforderungen, sondern auch Mindestanforderungen an die Liquidität einer Aktie, die weit über der eines Privatanlegers liegen.

Ich bin mir sicher: Ich würde meine überdurchschnittliche Dividendenrendite nicht erzielen, wenn ich nur auf Blue Chips setzen würde, die auch die großen Anleger kaufen. Hier ist der Wettbewerb gewaltig. Wenn 40 Wall-Street-Analysten ein Unternehmen hauptberuflich und täglich beobachten, was soll ich da als Privatanleger noch Neues entdecken? Bei großen Blue Chips ist die Markteffizienz sehr hoch.

Falls du den Begriff Markteffizienz noch nicht gehört hast, will ich ihn dir kurz erklären. In einem effizienten Markt werden alle Aktien so bepreist, dass Aktien mit dem gleichen Risikoprofil identische Renditen bieten. Wenn Unternehmen B also eine höhere Rendite als Unternehmen A bietet, dann ist Unternehmen B auch die riskantere Anlage. Unternehmen C in der Grafik (Abbildung 3) bietet bei gleichem Risiko wie Unternehmen A aber eine Rendite wie Unternehmen B. Einen solchen Fall würde es in einem effizienten Markt nicht geben.

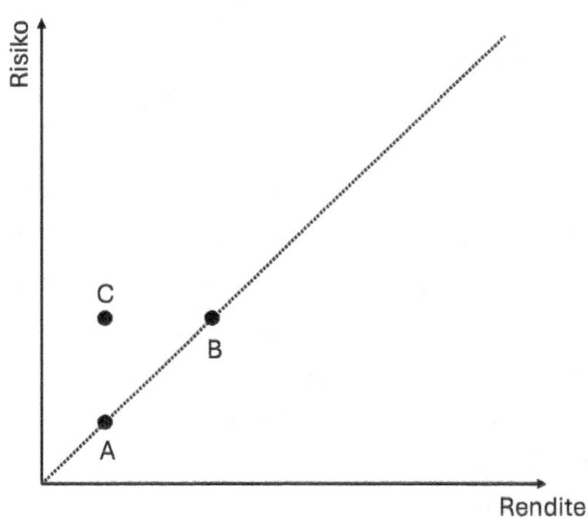

Abbildung 3: *Idealtypische Darstellung eines markteffizienten Investments. Hier korreliert die erzielbare Rendite stets mit dem Risiko der jeweiligen Geldanlage.*

Aber die Kapitalmärkte sind nicht immer effizient! Je kleiner die Unternehmen und je illiquider der Handel mit ihren Aktien ist, desto höher ist die Wahrscheinlichkeit, auf Marktineffizienzen zu stoßen. Und diese kannst du als Privatanleger zu deinem Vorteil ausnutzen.

Während große ETFs und Fonds wie gigantische Tanker nur schwerfällig manövrieren können, bist du das wendige Schnellboot, welches die Lücken zwischen diesen Tankern nutzen kann. Wenn du weißt, wo du im Vorteil bist und wo nicht, und wenn du dich zudem entsprechend verhältst, dann kannst du sehr wohl langfristig eine sehr ansehnliche Rendite erwirtschaften, die sich mit Dividendenfonds nur schwer erreichen lässt.

Aber damit wir uns nicht falsch verstehen: Wenn ich sage, dass du als Privatanleger mit Investments abseits der großen Blue Chips den Markt schlagen kannst, dann meine ich natürlich eine mit deinem Risiko vergleichbaren Benchmark. Natürlich wirst du nicht den S&P 500 oder den Nasdaq 100 in einem starken Börsenjahr schlagen können. Die dort gekauften Aktien liegen im Durchschnitt aber auch in einer deutlich höheren Risikoklasse. Dir und mir geht es darum, bei gleichem (!!!) Risiko eine höhere Rendite zu erzielen. Eine für uns eher geeignete Benchmark wäre daher zum Beispiel ein globaler Dividenden-ETF. Wenn wir es noch genauer wissen wollen, suchen wir uns noch eine geeignete Anleihen-Benchmark zum Vergleich.

Um von deinem Vorteil als kleiner, wendiger Privatanleger zu profitieren, musst du diesen Vorteil aber auch ausnutzen. Das heißt, du musst in Bereichen investieren, wo die Großanleger nicht investieren können und der Wettbewerb geringer ist. Wenn du einfach nur selbst große Standardwerte in dein Depot aufnimmst, dann könntest du vermutlich stattdessen wirklich gleich einen Fonds oder ETF kaufen und so mit weniger Aufwand eine vergleichbare Rendite erzielen. Diese Tatsache ist noch ein weiterer Grund dafür, nicht nur Dividenden-Aristokraten in dein Depot aufzunehmen.

Dividendenaktien: So findest du Aktien mit nachhaltig hoher Dividende

Aktien mit regelmäßigen Dividendenausschüttungen sind ein wichtiger Bestandteil meiner Dividendenfabrik. Zu der Natur einer Aktie und der Frage, was eine Dividende ist, möchte ich hier nicht viel sagen. Darüber gibt es schon genug Börsenbücher.

Ich möchte aber noch darauf hinweisen, dass es – anders als du vielleicht kennst – durchaus verschiedene Ausschüttungsmodi gibt. In Deutschland sind wir es gewohnt, dass die Dividende einmal jährlich gezahlt wird. Dieser Rhythmus ist aber weltweit eher die Ausnahme als die Regel. So gibt es im angelsächsischen Raum Unternehmen, die quartalsweise oder gar monatlich ausschütten.

Auch im asiatischen Raum wird gerne häufiger als einmal pro Jahr ausgeschüttet. Hier gibt es häufig eine erste sogenannte Interims-Dividende, die später im Jahr um eine zweite Dividende ergänzt wird. Gerade wenn du auf Einkommen aus Dividenden angewiesen bist, sind häufigere Ausschüttungen eventuell vorteilhaft.

Außerdem möchte ich noch eine weitere, in Deutschland häufig verbreitete Vorstellung einkassieren. Wenn in Deutschland von Dividendenaktien gesprochen wird, dann werden oft Unternehmen genannt, die eine Dividendenrendite von 2 bis 3 Prozent erwirtschaften. Damit kannst du aber nur schwer ein regelmäßiges Einkommen aufbauen. Diese Dividendenstrategien implizieren daher meistens weiter steigende Dividenden und auch Kursgewinne, wobei Letztere eben nicht planbar und daher zum Erzielen regelmäßiger Einkünfte nur schlecht geeignet sind.

Von solchen Aktien rede ich nicht, wenn ich von Dividendenaktien spreche. Ich möchte mit meinen Dividendenaktien langfristig einen Total Return von 10 Prozent p. a. erzielen. Der Total Return ist die gesamte Rendite aus Dividende und Kursgewinnen. Um dies zu erreichen, setze ich in erster Linie auf eine hohe Dividende. 5 bis 6 Prozent Dividendenrendite dürfen es schon sein. Dann komme ich mit moderaten Kursgewinnen von nur 4 bis 5 Prozent pro Jahr auf die gewünschte Zielrendite.

Meine Renditeanforderung bezieht sich übrigens immer auf den aktuellen Marktwert. Wenn die Dividendenrendite einer Aktie nachhaltig unter 4 Prozent fällt – sei es durch Kursgewinne oder eine Kürzung der Ausschüttung –, dann trenne ich mich von der betreffenden Aktie. Natürlich musst du zukünftig auch immer das aktuelle Zinsniveau im Blick behalten. Wenn die Zinsen sinken, dann sinken leider auch die Dividendenrenditen.

Warum sinken Dividendenrenditen, wenn das Zinsniveau sinkt?

Auf den ersten Blick klingt es widersprüchlich: Sinkt das allgemeine Zinsniveau, sollten Dividendenaktien doch eigentlich attraktiver werden; schließlich werfen Sparbücher, Anleihen oder Tagesgeld dann weniger Ertrag ab. Doch genau darin liegt die Erklärung, warum die Dividendenrenditen vieler Aktien in einem Niedrigzinsumfeld häufig sinken.

Der entscheidende Zusammenhang liegt im Aktienkurs. Die Dividendenrendite berechnet sich aus der gezahlten Dividende im Verhältnis zum Aktienkurs. Bleibt die Dividende gleich, während der Kurs steigt, sinkt automatisch die Rendite. Und genau das passiert, wenn die Zinsen fallen: Anleger suchen nach Alternativen zu Anleihen und Sparprodukten und entdecken Dividendenaktien als attraktive Einkommensquelle. Die steigende Nachfrage treibt die Kurse nach oben – oft schneller, als die Unternehmen ihre Dividenden erhöhen.

Gleichzeitig profitieren Unternehmen selbst von niedrigen Zinsen. Kredite werden günstiger, Investitionen leichter finanzierbar und Gewinne steigen schneller. Das macht Aktien insgesamt interessanter, was ebenfalls zu steigenden Kursen beiträgt. Der Markt preist diese besseren Zukunftsaussichten ein – noch bevor sie sich vollständig in höheren Dividenden widerspiegeln.

Das Ergebnis: Die Aktie wird teurer, die Dividende steigt langsamer, und die Dividendenrendite sinkt.

Kurz gesagt: Sinkende Zinsen erhöhen die Attraktivität von Dividendenaktien – und genau deshalb sinkt oft ihre Rendite. Denn der Preis, den Anleger bereit sind zu zahlen, steigt schneller als die Ausschüttung selbst.

Aktuell, da ich im Herbst 2025 diese Zeilen schreibe, liegt meine Mindesterwartung an die Dividendenrendite einer Aktie bei 5 Prozent im Euro-Raum, etwas höher in Nordamerika und Asien (6 bis 7 Prozent). Wie hoch das jeweils realistische Niveau ist, hängt, wie gerade beschrieben, vom aktuellen Zinsniveau – genauer, dem aktuell gültigen Leitzins – ab. Im Euro-Raum beträgt dieser derzeit 2 Prozent, und ich habe kein Währungsrisiko. In den USA liegt der Leitzins bei 4 Prozent, und ich habe Währungsrisiko, der US-Dollar ist aber die Weltleitwährung. In asiatischen Ländern ist vor allem das Währungsrisiko höher, weshalb ich eine noch höhere Dividendenrendite verlange.

Du siehst, meine genaue Erwartung basiert nicht auf Wissenschaft, sondern den aktuellen Leitzinsen und einer Prise Bauchgefühl für das eingegangene Risiko. Du kannst für dich auch davon abweichende Kriterien definieren. Es ist dein Depot, und du musst dich damit wohlfühlen!

Doch wie findest du Aktien mit 5 Prozent Dividendenrendite oder mehr? Und wie stellst du sicher, dass diese 5 Prozent auch nachhaltig ausgeschüttet werden und nicht nur ein Lockmittel für die Aktionäre sind?

Im ersten Schritt benutze ich gerne einen Aktien-Screener, um einen schnellen Überblick über potenzielle Kandidaten zu bekommen. Doch Vorsicht: Bevor du dich über die vielen Treffer mit vermeintlichen Hochdividenden-Werten freust, möchte ich dir kurz die häufigsten Fallen nennen, in die ich früher gerne mal getappt bin:

- Häufig tauchen hier Aktien mit einmaligen hohen Ausschüttungen auf. Davon hast du aber nichts, weil eine solche einmalige Dividende nach Auszahlung vom Kurs abgeschlagen wird.
- Der Aktienkurs eines Unternehmens befindet sich schon länger auf Talfahrt, das Unternehmen hat aber offiziell noch keine Dividendenanpassung verkündet. Der Markt erwartet diese Anpassung aber. Die im Aktien-Screener angezeigte Dividendenrendite ist dann zu hoch.
- Das Unternehmen zahlt eine zu hohe Dividende, um damit Einkommensinvestoren anzulocken. Mit »zu hoch« meine ich, dass das

Unternehmen sich diese Dividende eigentlich nicht leisten kann, sprich nicht genügend Gewinne für die betreffenden Ausschüttungen erwirtschaftet. Diese Unternehmen haben oft Probleme, überhaupt neues Wachstum zu erzeugen, denn sie müssten dazu mehr investieren. Stattdessen verzichten sie auf Investitionen oder nehmen dafür verstärkt Kredite auf, um trotzdem eine hohe Dividende zahlen zu können. Klingt nicht besonders nachhaltig, oder? Ist es natürlich auch nicht.
- Zu guter Letzt der Klassiker, der eigentlich nicht auftreten sollte: falsche Daten. Du solltest deine Favoriten also immer noch einmal über eine alternative Quelle überprüfen, statt deinem Aktien-Screener blind zu vertrauen.

Wenn du diese häufigen Fehler berücksichtigst, dann bist du schon einen guten Schritt weiter als ich zu Anfang. Mit etwas mehr Erfahrung kam mir aber auch die Erkenntnis, dass Aktien mit hoher Dividendenrendite häufig aus den gleichen Branchen oder Regionen kommen. Wenn man dies berücksichtigt, kann man zielgerichteter nach neuen Kandidaten suchen und dabei Zeit sparen.

Häufig findest du Aktien mit hohen Dividendenrenditen in folgenden Bereichen:

- Business Development Companies (BDCs): Das sind Unternehmen, die besicherte Kredite an Mittelstandsunternehmen vergeben und ihr Geld mit den Zinsen verdienen. Ich werde diese Branche aufgrund ihrer hohen Bedeutung für Einkommensinvestoren in diesem Kapitel noch separat vorstellen. Da diese Aktien sehr zinssensitiv sind, behandle ich sie separat in meinem Abschnitt zu Fixed-Income-Anlagen (= Einnahmen aus Zinsen).
- Real Estate Investment Trusts (REITs): Diese Unternehmen verwalten große Immobilien-Portfolios und erzielen ihre Erträge aus Mieteinnahmen und Wertsteigerungen. Auch diese Branche werde ich noch genauer vorstellen – allerdings ebenfalls in einem separaten Abschnitt.

- Stromversorgung und Telekommunikation: Diese Unternehmen haben sehr gut im Voraus planbare Einnahmen und Ausgaben. Sie tendieren daher dazu, einen Großteil ihrer Gewinne auszuschütten, und sind daher für Dividendenanleger ein beliebtes Ziel.
- Emerging Markets: Aktien aus Lateinamerika oder Hongkong/China haben grundsätzlich höhere Dividendenrenditen. Hier musst du natürlich immer aufpassen, dass du dir die höhere Rendite nicht mit einem zu hohen (geo)politischen Risiko erkaufst. Bis 2022 waren russische Aktien unter Dividendenjägern beliebt. Heute wären diese Anleger froh, wenn sie irgendwann wenigstens einen Teil ihres Investments zurückerhalten würden.

Diese Auflistung soll dich natürlich nicht davon abhalten, auch in anderen Branchen oder Regionen nach Dividenden-Perlen Ausschau zu halten. Denn diese gibt es natürlich. So findest du auch Öl-/Gas-Aktien, Tabakkonzerne oder Schiffsaktien häufig in den Depots von Einkommensinvestoren.

Warum habe ich diese Bereiche nicht explizit erwähnt? Tabakkonzerne zahlen nicht umsonst eine hohe Dividende, um Aktionäre anzulocken. Denn sie haben keine wirkliche Wachstumsgeschichte zu bieten, für die sich Anleger begeistern könnten. Also muss die Dividende ausreichend hoch sein. Daran ist auch nichts falsch – auch ich halte deshalb Tabak-Aktien in meinem Depot. Dennoch ist uns allen klar, dass die betreffenden Unternehmen vor großen Herausforderungen stehen. Der Tabakkonsum geht weltweit zurück und ist – auf lange Sicht – ein aussterbendes Geschäft. Die Herausforderung besteht nun darin, den Sprung ins neue Jahrtausend zu schaffen und moderne Geschäftsmodelle (»gesünderes« Rauchen) erfolgreich umzusetzen. Ob dies allen betroffenen Unternehmen gelingen wird, muss sich erst noch zeigen. Somit kommt es bei Tabak-Aktien sehr auf den Einzelfall an, ob ein Dividendeninvestment wirklich nachhaltig ist.

Bei Öl-/Gas- sowie Schiffsaktien ist es ähnlich. Hier besteht die Herausforderung darin, zum richtigen Zeitpunkt zu kaufen und auch wieder zu verkaufen. Beide Branchen unterliegen starken Konjunkturzyklen. Und selbst Shell, ein Unternehmen, das immer ein Dividenden-Fels in der Brandung war, musste nach dem Ölpreis-Crash in 2020 seine Dividende aussetzen. Kaufen und liegen lassen funktioniert mit diesen Aktien daher nur bedingt.

Ich möchte damit nicht sagen, dass diese Aktien nicht kaufenswert wären. Ganz im Gegenteil! Solche Positionen müssen nur etwas aktiver gemanagt werden als zum Beispiel ein guter Immobilienfonds, den du auch 20 Jahre liegen lassen kannst.

Wichtig ist am Ende, dass du Aktien kaufst, mit denen du dich wohlfühlst. Nur dann kannst du auch alle Vorzüge meiner Dividendenstrategie für dich genießen!

Bis jetzt habe ich dir erklärt, welche grundlegenden Überlegungen du bei der Auswahl von Kaufkandidaten unter den Dividendenaktien berücksichtigen solltest. Außerdem habe ich erläutert, in welchen Branchen und Ländern du häufig Aktien mit überdurchschnittlich hoher Dividendenrendite finden kannst.

Damit du deine Recherche so zeitschonend wie möglich durchführen kannst, stelle ich dir jetzt noch meine persönliche Checkliste zur Verfügung, mit der ich in wenigen Minuten mit hoher Trefferquote erkenne, ob eine Aktie mit hoher Dividendenrendite ein ernsthafter Kaufkandidat ist oder nicht.

Da ich am Ende nur rund 50 Positionen in meinem Depot halten möchte, muss ich anschließend natürlich weiter selektieren. Dabei achte ich neben meinen persönlichen Präferenzen auch auf eine ausreichende Risikostreuung in meinem Depot. Diese optimale Aufteilung ist so wichtig, dass ich diesem Thema ein eigenes Kapitel gewidmet habe.

Hier soll es also zunächst einmal nur um die effiziente Identifikation möglicher Kaufkandidaten gehen:

- *Liegt die aktuell erwartete Dividendenrendite bei mindestens 5 Prozent?* (Sollten wir tatsächlich noch einmal in eine Phase sehr niedriger Zinsen kommen, kann die Mindestrendite natürlich nach unten angepasst werden.)

- *Sind die Dividendenausschüttungen des Unternehmens über die letzten fünf Jahre stabil oder – besser noch – sogar steigend?* Ich möchte nur in Unternehmen mit regelmäßigen und zuverlässigen Ausschüttungen investieren.
- *Liegt die Ausschüttungsquote unter 80 Prozent?* Die Ausschüttungsquote (= Dividende/Gewinn pro Aktie) besagt, wie viel vom Jahresgewinn eines Unternehmens als Dividende ausgeschüttet wird. Hinweis: Für BDCs und REITs ist die Ausschüttungsquote nicht relevant, da der Jahresgewinn nur wenig Aussagekraft besitzt. Für alle anderen Unternehmen kann damit aber schnell festgestellt werden, ob ein Unternehmen seine Dividende aus der Substanz zahlt, was bei einer Ausschüttungsquote von über 100 Prozent der Fall ist. Eine solche Ausschüttungspolitik ist ein Warnsignal und nie nachhaltig.
- *Weist das Unternehmen ein positives Umsatz- und Gewinnwachstum über die vergangenen fünf Jahre auf?* Ein schneller Blick auf den Umsatz und das EBITDA zeigt, ob sich das Unternehmen nach wie vor im Wachstum befindet. Stagnieren Umsatz und/oder Ertrag, ist das Unternehmen möglicherweise in einem schrumpfenden Markt aktiv.

Mit diesen vier einfachen Kriterien kannst du schnell die Spreu vom Weizen trennen und deine Recherche auf die verbleibenden Kandidaten konzentrieren. Diese schütten allesamt eine regelmäßige und nachhaltige Dividende mit einer Rendite von mindestens 5 Prozent aus und befinden sich zumindest auf einem moderaten Wachstumskurs. Das sind die besten Voraussetzungen, um dich auch zukünftig mit großzügigen Dividenden zu beglücken.

Dividenden-ETFs: Der bequeme Weg zu einer soliden Dividendenrendite?

Für Dividendenaktien gibt es natürlich auch ETFs. Der Gedanke ist naheliegend, über einen ETF einfach einen ganzen Strauß an Dividendenaktien zu kaufen. Doch ist das auch sinnvoll?

Die Mehrheit der ETFs wird passiv gemanagt, das heißt, sie bilden zumeist einen Index ab. Das kann ein Länder- oder Branchenindex sein oder eben auch, für unseren Fall relevanter, ein Dividenden-Index. Aktiv gemanagte ETFs, also solche, bei denen ein Portfoliomanager eine aktive eigene Strategie verfolgt, sind für unseren Anwendungsfall irrelevant.

Der offensichtlichste Vorteil eines ETF ist die unmittelbare Risikostreuung ab dem ersten Anteilsschein. Außerdem musst du dich als Anleger nicht mit einzelnen Aktien auseinandersetzen, wodurch du als Anfänger schneller in die Umsetzung kommst.

Selbst mit einem größeren Depot sind ETFs immer noch eine bequeme Alternative. Denn ich kann einen Teil meiner Einzelinvestments in Dividendenaktien zugunsten eines ETFs aufgeben und habe auf diese Weise noch weniger Arbeit mit meinem Depot. Doch die Bequemlichkeit hat ihren Preis.

Denn die Vorteile eines ETFs werden mit durchaus signifikanten Nachteilen erkauft. So kaufst du mit einem Index-ETF immer wahllos alle Werte im Index, unabhängig von der Qualität eines Unternehmens. Außerdem werden die einzelnen Unternehmen im Index häufig schlicht nach Größe gewichtet, was zu willkürlichen Gewichtungen im ETF führt. Ein besonders krasses Beispiel bieten ETFs auf den MSCI World Index, in dem die sieben größten US-Technologie-Aktien (die »Magnificent Seven«) heute (Stand: Dezember 2025) gemeinsam eine Gewichtung von rund 20 Prozent haben. Wer einen World-ETF kauft, um global diversifiziert zu sein, kauft also mit 20 Prozent seines Kapitals nur sieben US-Aktien, nämlich Apple, Microsoft, Alphabet, Amazon, Meta, Nvidia und Tesla. Eine Gewichtung von 20 Prozent hat bereits einen gewaltigen Einfluss auf die Gesamtperformance. So waren diese »Magnificent Seven« im Jahr 2024 für 50 Prozent der Gesamtperformance des wichtigsten US-Aktienindizes, S&P 500, verantwortlich! Das ist natürlich praktisch, wenn das Ergebnis positiv ausfällt – aber das ist nicht garantiert.

Der größte Nachteil eines ETFs besteht aber darin, dass du deinen Vorteil als wendiger Privatanleger einfach weggibst. Denn ETFs, die einen hohen dreistelligen Millionen- oder sogar einen Milliardenbetrag verwalten, können nur in große, liquide Aktien investieren. Nach meiner Erfahrung finden sich hier aber nur wenige Unternehmen mit überdurchschnittlich hohen Dividendenrenditen. Dies ist nicht wenig überraschend, weil bei großen Aktien die Markteffizienz am höchsten ist, wie ich am Anfang dieses Kapitels dargelegt habe. Und so kommt es, dass selbst Dividenden-ETFs mit eigentlich recht sinnvollen Anlagekriterien trotz ihrer geringen Verwaltungskosten keine hohe Ausschüttungsrendite generieren.

Gerade für Einsteiger kann es aber manchmal zu überwältigend sein, sich für den Kauf von 10 bis 15 Einzelaktien zum Start zu entscheiden und diese zu kaufen. Das führt dann dazu, dass manche Anleger ihre ersten Investitionen immer wieder nach hinten schieben. Wenn du auch zu dieser Gattung gehörst, dann solltest du erst einmal mit Dividenden-ETFs anfangen. Sobald du vertrauter mit der Materie bist, kannst du dein Depot weiter optimieren.

Ich persönlich habe selbst heute noch einige Dividenden-ETFs im Depot, wohl wissend, dass ich damit vermutlich einen Teil meines Renditepotenzials verschenke. Doch zugunsten von Zeitersparnis und Bequemlichkeit habe ich diese Kompromissentscheidung getroffen.

Im Folgenden nenne ich dir fünf ETFs, die ich – Stand heute – für geeignet halte. Ich halte diese alle aktuell in unterschiedlichen Gewichtungen auch in meinem Depot.

Vanguard FTSE All-World High Dividend Yield UCITS ETF: Dieser ETF von Vanguard bildet den FTSE All-World High Dividend Yield Index ab und wird unter der ISIN IE00B8GKDB10 gehandelt. Der Vergleichsindex ist monströs und umfasst über 2.000 Werte weltweit. Er besteht – ich zitiere – »aus Aktien von großen und mittelgroßen Unternehmen außer Immobiliengesellschaften in entwickelten und Schwellenmärkten, die in der Regel überdurchschnittliche Dividenden zahlen«. Das ist auf der einen Seite unübersichtlich, denn du weißt gar nicht so genau, was du da kaufst. Auf der anderen Seite kann dieser Dividenden-ETF mit seiner weltweiten Streuung eine gewisse Stabilität ins Depot bringen.

Im vergangenen Jahrzehnt haben sich Asien und Europa im ETF als Bremsklotz erwiesen. Sollten die derzeit sehr hohen Bewertungen von US-Aktien sich in den nächsten Jahren wieder in Richtung des historischen Mittels bewegen, dürften diese Regionen die Performance aber stützen. Damit du keine falschen Erwartungen hast: Dieser ETF wird mit seiner unglaublichen Breite niemals zu den Top-Performern gehören. Dafür aber liefert er stabil und zuverlässig einen Basisertrag, wofür ich ihn auch in mein Depot genommen habe. Von 2014 bis 2024 lag die Rendite bei 6,2 Prozent.

Die globale Streuung finde ich in diesem ETF tatsächlich gut umgesetzt, wie der Auszug aus dem Fact Sheet in Abbildung 4 zeigt.

Marktallokation

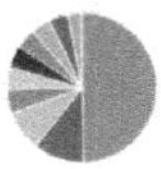

USA	40,2%	Frankreich	3,8%
Japan	8,9	China	3,6
Vereinigtes Königreich	7,1	Australien	3,4
Schweiz	4,3	Deutschland	3,4
Kanada	3,9	Taiwan	2,4

Quelle: Vanguard

Abbildung 4: *Zusammensetzung des Vanguard FTSE All-World High Dividend Yield UCITS ETF nach Ländern (Stand: 31.10.2025, Quelle: Vanguard)*

Positionen (Top 10)	
JPMorgan Chase & Co.	2,3%
Exxon Mobil Corp.	1,4
Johnson & Johnson	1,2
Samsung Electronics Co. Ltd.	1,1
AbbVie Inc.	1,0
Home Depot Inc.	1,0
Bank of America Corp.	1,0
Procter & Gamble Co.	1,0
UnitedHealth Group Inc.	0,8
Chevron Corp.	0,8
Die zehn größten Positionen entsprechen in etwa 11,7 % des Nettovermögens	

Daten zum 31. Oktober 2025.

Abbildung 5: *Die Top-10-Positionen des Vanguard FTSE All-World High Dividend Yield UCITS ETF (Stand: 31.10.2025)*

Die Top-10-Positionen kommen gemeinsam auf eine Gewichtung von nur 12,5 Prozent, was im Vergleich zu vielen anderen ETFs eine moderate Konzentration darstellt und mir im Sinne der weiten Streuung und Stabilität gefällt. Das ist weitaus besser als bei einem MSCI World Index ETF, bei dem, wie gesagt, die größten sieben Tech-Aktien aus dem S&P 500 Index rund 20 Prozent des Depotgewichts ausmachen.

Mit einer Gesamtkostenquote von 0,29 Prozent p. a. bietet der ETF eine kostengünstige Diversifikation, wie man es sich von einem ETF erwartet. Zum Vergleich dazu: Aktienfonds haben meistens jährliche Verwaltungskosten von insgesamt 1 Prozent bis 1,5 Prozent.

Was ist die Gesamtkostenquote (TER) eines ETFs?

Die Gesamtkostenquote eines ETFs – meist als **TER (Total Expense Ratio)** bezeichnet – gibt an, wie teuer ein ETF pro Jahr ist. Sie zeigt, welcher Anteil deines investierten Kapitals jährlich für Verwaltung, Betrieb und Organisation des Fonds verwendet wird. Vereinfacht gesagt ist die TER die »Betriebskostenrechnung« deines ETFs.

VanEck Morningstar Developed Markets Dividend Leaders UCITS ETF: Dieser ETF von VanEck bildet den »Morningstar Developed Markets Large Cap Dividend Leaders Screened Select Index« ab und wird unter der ISIN NL0011683594 gehandelt. Der ETF ist mit nur 100 Titeln deutlich fokussierter und folgt dabei seinem Vergleichsindex, der aus seinem definierten Anlageuniversum (Industrieländer) die 100 Unternehmen mit der höchsten Dividendenrendite beinhaltet, welche regelmäßig Dividenden zahlen und ihre Ausschüttungshöhe auch nachhaltig beibehalten oder sogar steigern können.

Seit seiner Auflage in 2017 konnte der ETF 10,46 Prozent p. a. erzielen. Dies ist insofern beachtlich, da der ETF nur eine überschaubare Investitionsquote in den USA besitzt. Abbildung 6 zeigt die zehn größten Positionen und die Gewichtung nach Ländern.

Top 10 Positionen

ROCHE HOLDING AG	4,72%
PFIZER INC	4,66%
HSBC HOLDINGS PLC	4,38%
VERIZON COMMUNICATIONS INC	4,22%
TOTALENERGIES SE	4,00%
RIO TINTO PLC	2,69%
ALLIANZ SE	2,51%
BRISTOL-MYERS SQUIBB CO	2,46%
SANOFI SA/FRANCE	2,43%
INTESA SANPAOLO SPA	2,37%
ZWISCHENSUMME – GRÖSSTE 10 POSITIONEN	34,44%
RESTLICHE POSITIONEN	64,73%
SONSTIGE/BARMITTEL	0,84%
SUMME	100,00%

Eine vollständige Auflistung der Fondspositionen finden Sie unter www.vaneck.com

Länderaufschlüsselung

USA	14,24%
Frankreich	13,73%
Italien	9,22%
Vereinigtes Königreich	9,21%
Deutschland	8,35%
Kanada	7,73%
Schweiz	7,15%
Spanien	5,62%
Sonstige/Barmittel	24,77%

Abbildung 6: *Die Top-10-Positionen und Ländergewichtung des VanEck Morningstar Developed Markets Dividend Leaders UCITS ETF (Stand: 31.10.2025, Quelle: VanEck).*

Im Vergleich zum FTSE All-World High Dividend Yield Index und erst recht jeglichen US-ETFs weist dieser Dividenden-ETF auch eine sehr moderate Bewertung auf. Zum 31. Oktober 2025 lag das Kurs-Gewinn-Verhältnis bei 12,7 und das Kurs-Buchwert-Verhältnis belief sich auf 1,47, was im Vergleich zu den großen Aktienmärkten immer noch moderat ist. Mit einer Gesamtkostenquote von 0,38 Prozent p. a. ist der ETF ebenfalls günstig im Management.

Was ist der Buchwert einer Aktie?

Der Buchwert einer Aktie beschreibt, welchen **rechnerischen Wert** ein Unternehmen auf Basis seiner Bilanz hat. Vereinfacht gesagt zeigt der Buchwert, was vom Unternehmen übrig bleiben würde, wenn man alle Vermögenswerte verkauft und alle Schulden begleicht. Der Rest gehört rechnerisch den Aktionären.

Berechnet wird der Buchwert, indem man vom gesamten Vermögen eines Unternehmens (z. B. Maschinen, Immobilien, Bargeld) alle Verbindlichkeiten (Kredite, Rückstellungen, Anleihen) abzieht. Das Ergebnis ist das sogenannte Eigenkapital. Teilt man dieses Eigenkapital durch die Anzahl der ausstehenden Aktien, erhält man den Buchwert pro Aktie.

iShares STOXX Global Select Dividend 100 UCITS ETF: Dieser ETF hat einen ähnlichen Ansatz wie der VanEck Morningstar ETF. Er bildet den ebenfalls 100 Werte umfassenden STOXX Global Select Dividend 100 Index ab und wird unter der ISIN DE000A0F5UH1 gehandelt. Der Index kombiniert Aktien mit den höchsten Dividendenrenditen aus den Regionen Nordamerika, Asia-Pacific und Europa. Dabei kommen 40 Werte aus Nordamerika und jeweils 30 aus Europa beziehungsweise der Asia-Pacific-Region. Ich habe beide ETFs in meinem Depot kombiniert, da sie trotz eines ähnlichen Ansatzes eine sehr unterschiedliche geografische Ausrichtung haben, wie Abbildung 7 zeigt.

Auch bei den Top-10-Positionen im Portfolio gibt es keinerlei Überschneidung. Seit Auflegung im September 2009 hat der ETF mit einem jährlichen Wertzuwachs von 8,85 Prozent p. a. geringfügig schwächer abgeschnitten. Aufgrund des längeren Zeitraums ist der Vergleich mit den anderen beiden ETFs aber nur bedingt aussagekräftig. Die Bewertung (Stand: 31.12.2025) ist mit einem KGV von 11 und einem KBV von 1,1 auf ebenfalls sehr moderatem Niveau. Die jährlichen Gesamtkosten des ETFs liegen bei 0,45 Prozent p. a.

AUFTEILUNG NACH REGIONEN (%)

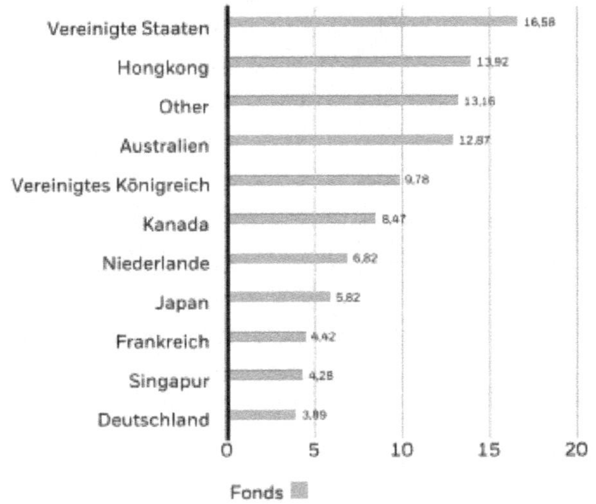

Ein geografisches Engagement bezieht sich grundsätzlich auf den Sitz der Emittenten der Wertpapiere, die in dem Produkt gehalten, zusammengesetzt und anschließend als ein Anteil der Gesamtpositionen des Produkts ausgedrückt werden. In einigen Fällen kann es jedoch den Ort wiedergeben, in dem der Emittent der Wertpapiere einen Großteil seiner Geschäftstätigkeit ausübt.

TOP 10 POSITIONEN (%)	
FORTESCUE LTD	2,24%
XINYI GLASS HOLDINGS LTD	2,09%
YANCOAL AUSTRALIA LTD	2,02%
AKER BP	2,01%
HENDERSON LAND DEVELOPMENT LTD	1,93%
SITC INTERNATIONAL HOLDINGS LTD	1,76%
ABN AMRO BANK NV	1,74%
WOODSIDE ENERGY GROUP LTD	1,71%
HANG SENG BANK LTD	1,68%
LEGAL AND GENERAL GROUP PLC	1,61%
Portfolio insgesamt	**18,79%**

Die Fonds-Positionen können sich ändern.

Abbildung 7: *Ländergewichtung und Top-10-Positionen des iShares STOXX Global Select Dividend 100 UCITS ETF (Stand: 31.10.2025, Quelle: iShares)*

iShares Asia Pacific Dividend UCITS ETF: Dieser ETF bildet den Dow Jones Asia Pacific Select Dividend 50 Index ab und wird unter der ISIN IE00B14X4T88 gehandelt. Der ETF ist mit nur 48 Positionen noch einmal fokussierter und investiert, wie der Name vermuten lässt, in Aktien aus dem asiatisch-pazifischen Raum, wie Abbildung 8 zeigt:

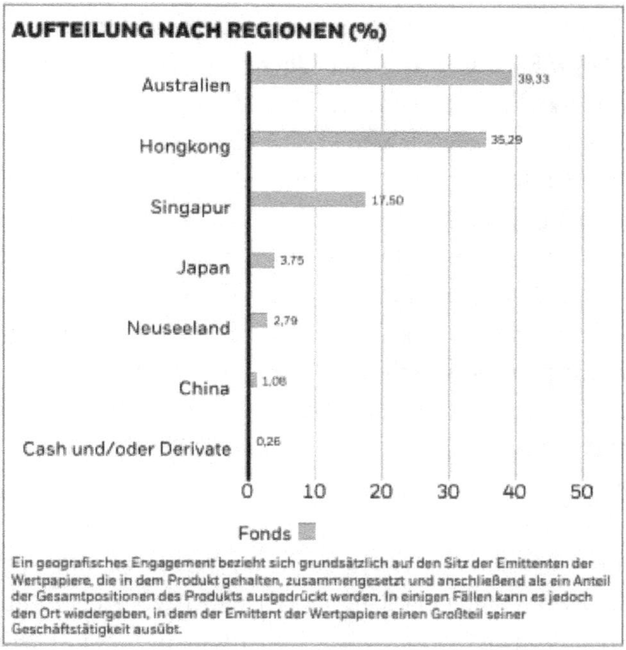

TOP 10 POSITIONEN (%)	
BHP GROUP LTD	7,42%
FORTESCUE LTD	5,68%
ANZ GROUP HOLDINGS LTD	4,95%
DBS GROUP HOLDINGS LTD	4,67%
WESTPAC BANKING CORPORATION CORP	4,59%
RIO TINTO LTD	3,94%
OVERSEA-CHINESE BANKING LTD	3,43%
CK HUTCHISON HOLDINGS LTD	3,12%
SUN HUNG KAI PROPERTIES LTD	3,05%
BOC HONG KONG HOLDINGS LTD	2,87%
Portfolio insgesamt	**43,72%**

Die Fonds-Positionen können sich ändern.

Abbildung 8: *Ländergewichtung und Top-10-Positionen des iShares Asia Pacific Dividend UCITS ETF (Stand: 31.10.2025, Quelle: iShares)*

Ein Investment in diesen ETF ist für dich vor allem dann sinnvoll, wenn du glaubst, dass sich die asiatisch-pazifische Wirtschaftsregion in den nächsten Jahren gut entwickeln wird. Australien dürfte zudem vor allem bei einer verstärkten Nachfrage nach Industrierohstoffen wie Eisen und Kohle profitieren. Aus dieser Überlegung heraus halte ich diesen ETF als Beimischung. Sowohl die Rohstoffe als auch Aktien aus Hongkong waren in den letzten Jahren eher weniger gefragt.

Damit komme ich bereits zum nächsten Punkt: Da es sich hier um einen regionalen ETF handelt, erscheint der Blick auf die historische Performance nur bedingt ratsam. Die Kernthemen dieses ETFs liefen, wie schon erwähnt, eher schwach, sodass auch der ETF eine magere Performance aufwies. In den vergangenen fünf Jahren lag die Rendite bei 1,94 Prozent p. a. und auch auf Zehn-Jahres-Sicht dürfte dieser ETF nicht viel besser abgeschnitten haben. Allerdings gab es auch schon mehrjährige Zyklen, in denen diese Region die Weltbörsen deutlich outperformt hat.

Auf dem aktuellen Bewertungsniveau (Stand: 31.10.2025) mit einem KGV von 14 und einem Kurs-Buchwert-Verhältnis von 0,95 erscheint mir das Risiko sinkender Kurse überschaubar, abgesehen vom »Black-Swan-Ereignis« eines chinesischen Angriffes auf Taiwan (siehe dazu meinen Abschnitt über geopolitische Risiken im Kapitel »So baust du in drei Schritten ein robustes Dividendendepot auf, das dir jeden Monat Geld einbringt«). Mit 0,65 Prozent p. a. ist die Kostenquote schon etwas höher, für einen ETF mit Nischenfokus aber immer noch angemessen.

iShares EM Dividend UCITS ETF: Dieser ETF investiert breiter in Schwellenländer und bildet dabei den Dow Jones Emerging Markets Select Dividend Index nach. Dieser hat einen Fokus auf »Unternehmen aus Schwellenländern mit den höchsten Renditen«. Insgesamt umfasst der ETF 109 Positionen und wird unter der ISIN IE00B652H904 gehandelt.

Wie die geografische Ausrichtung zeigt, ist der ETF sowohl in Asien als auch Südamerika stark investiert. Neben grundsätzlichem Wirtschaftswachstum in den Schwellenländern dürfte dieser ETF auch von steigenden Rohstoff- und Energiepreisen überproportional profitieren. Schließlich kommt ein Großteil der industrierelevanten Rohstoffe wie Eisenerz, Kupfer oder auch Öl aus Ländern wie Brasilien, Indonesien

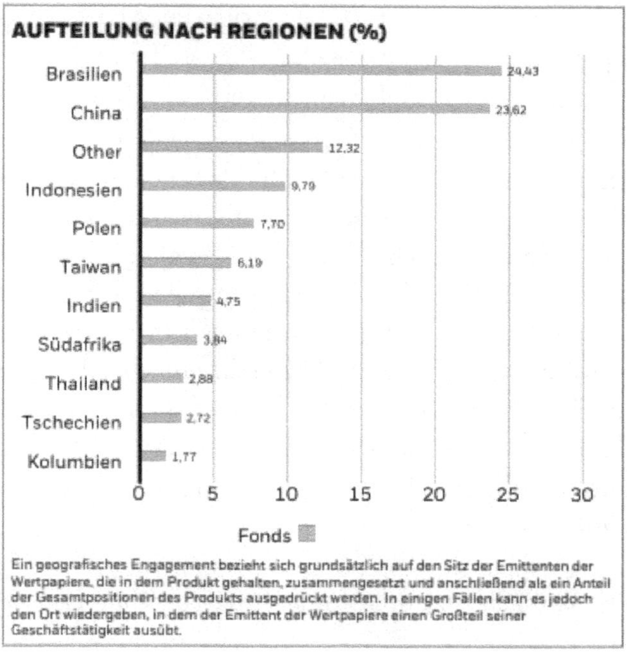

TOP 10 POSITIONEN (%)	
PETROLEO BRASILEIRO PREF SA	5,13%
CIA VALE DO RIO DOCE SH	4,42%
ORLEN SA	3,68%
INDUSTRIAL AND COMMERCIAL BANK OF	3,44%
CHINA CONSTRUCTION BANK CORP H	3,43%
BANK RAKYAT INDONESIA (PERSERO)	2,88%
BANK PEKAO SA	2,58%
ASTRA INTERNATIONAL	2,41%
VEDANTA LTD	2,34%
CHINA SHENHUA ENERGY LTD H	2,12%
Portfolio insgesamt	**32,43%**

Die Fonds-Positionen können sich ändern.

Abbildung 9: *Ländergewichtung und Top-10-Positionen des iShares EM Dividend UCITS ETF (Stand: 31.10.2025, Quelle: iShares)*

oder Chile. Die in heutiger Zeit unentbehrlichen Seltenen Erden kommen aus China und die für die Autoindustrie trotz allem immer noch relevanten Metalle der Platin-Gruppe (PGM, Platin Group Metals) aus Südafrika. Die chinesische Volkswirtschaft nimmt derzeit nach ihrer Immobilienkrise wieder verstärkt Fahrt auf. Alle genannten Länder sind in diesem ETF vertreten, wie Abbildung 9 zeigt.

Mit einem KGV von 8,7 und einem KBV von 1,1 (Stand: 31.10.2025) ist dieser Fonds der mit Abstand günstigste von allen ETFs, in die ich persönlich investiert bin. Die Kostenquote liegt mit 0,65 Prozent p. a. auf einem für Schwellenländer üblichen Niveau.

Ein Rückblick auf die historische Performance gestaltet sich schwierig, weil der ETF bis 2022 auch russische Wertpapiere enthielt. In 2022 erlitt der Fonds daher mit 30 Prozent minus seinen schwersten Einbruch. Davon hat sich der ETF zu einem sehr großen Teil wieder erholt, die Fünf-Jahres-Performance ist aber mit -0,82 Prozent p. a. immer noch leicht negativ. Auch hier gilt: Ein Blick in den Rückspiegel bietet keine Hilfe. Entscheidend ist, was du zukünftig von den Schwellenländern erwartest.

Wie sinnvoll ist die Betrachtung der zurückliegenden Performance eines ETFs?

Bei Aktienfonds oder einzelnen Unternehmen wird gerne auf die zurückliegende Performance geschaut, um daraus eine Prognose für die zukünftige Entwicklung abzuleiten. Das erscheint aus meiner Sicht auch durchaus sinnvoll: Denn die zurückliegende Performance ist ein Beleg für die Qualität der Arbeit des verantwortlichen Fondsmanagers oder – im Falle von einzelnen Aktien – dem Management eines Unternehmens.

Viele Anleger übertragen diese Art der Vergangenheitsbetrachtung auch auf ETFs, was ich aber für falsch halte. Warum? ETFs sind keine aktiv gemanagten Fonds, bei denen die persönlichen Fähigkeiten eines Fondsmanagers Einfluss auf den Erfolg der Anlage hätten. ETFs bilden lediglich eine Branche oder – im Falle der oben vorgestellten ETFs – eine geografische Region ab, in welche der jeweilige ETF investiert. Dabei entscheidet kein Fondsmanager über die konkrete Zusammensetzung, sondern es wird ein vorhandener Aktien-Index nachgebildet.

Wenn du jetzt in die Vergangenheit blickst, siehst du lediglich, wie eine Branche oder eine Region in der Vergangenheit performt hat. Kannst du daraus Erkenntnisse für die Zukunft ableiten? Das wird schwierig. Wie wir wissen, gibt es auch an der Börse große Zyklen, und eine Branche oder Region, die in den letzten zehn Jahren eher mäßig performt hat, kann sich in den nächsten zehn Jahren deutlich besser entwickeln, wenn das Pendel zyklisch in die andere Richtung schwingt. Diese Wahrscheinlichkeit sehe ich persönlich derzeit vor allem für Rohstoffe und Schwellenländer gegeben, weshalb ich auch die beiden ETFs »iShares Asia Pacific Dividend« und »iShares EM Dividend« im Depot halte.

BDC-Aktien: Die wenig bekannte Cash-Cow für Einkommensinvestoren

Business Development Companies – kurz BDC – gehören ebenfalls zu den Dividendenaktien und kommen aus den USA. Es handelt sich allerdings um eine spezielle Gattung, die einer separaten Analyse bedarf. Da BDCs ihr Einkommen hauptsächlich aus Zinseinnahmen erzielen und auch den Großteil ihrer Einnahmen ausschütten müssen, betrachte ich BDCs eher wie Fonds, die private Kredite an den Mittelstand vergeben.

Dieser Logik folgend landen BDCs bei mir im Fixed-Income-Depot und nicht bei den Dividendenaktien. Außerdem sind BDCs, wie ich gleich noch erklären werde, äußerst zinssensibel. Auch darin unterscheiden sie sich von gewöhnlichen Dividendenaktien.

Aber jetzt erst einmal ganz von vorne …

BDCs sind gerade in den USA eine feste Säule im Depot von Einkommensinvestoren. BDCs erfreuen sich hoher Beliebtheit, weil ihr Geschäftsmodell nachhaltig hohe Dividendenausschüttungen ermöglicht. Hierzulande ist das Konstrukt aber immer noch relativ unbekannt.

Wie der Name vermuten lässt, helfen BDCs anderen Unternehmen dabei, ihr Geschäft zu entwickeln. Dies tun sie durch die Vergabe von Kapital – zumeist in Form von Krediten. Häufig werden die Kredite aber mit weiteren Boni, zum Beispiel Optionen, zusätzlich versüßt. Außerdem bieten einige BDCs auch konkrete Beratung für ihre Portfoliounternehmen an.

Die großen Konzerne gehören dabei eher nicht zu ihrem Kundenkreis. BDCs fokussieren sich auf kleine, wachstumsstarke Unternehmen und den Mittelstand. Also quasi alle Unternehmen, die für das klassische Bankgeschäft zu klein und damit zu uninteressant sind.

BDCs bilden nicht nur eine eigene Branche, sondern unterliegen auch eigenen rechtlichen Besonderheiten. Um das Wachstum von kleinen und mittelständischen Unternehmen zu fördern, wurden die BDCs 1980 vom US-Kongress ins Leben gerufen. Sie genießen einen steuerlichen Sonderstatus und müssen selbst keine Steuern auf ihren Gewinn entrichten.

Sie müssen aber mindestens 90 Prozent ihres ansonsten zu versteuernden Einkommens an die Aktionäre in Form von Dividenden ausschütten. BDCs sind also vom Gesetz her so konzipiert, dass sie eine extrem hohe Ausschüttungsquote aufweisen! Aber es wird noch besser …

Um die Anleger zu schützen, sind BDCs auch gesetzlich in ihrem Risiko beschränkt. Sie können maximal zweimal so viel Fremdkapital aufnehmen, wie sie Eigenkapital besitzen. Das bedeutet: Wenn eine BDC Eigenkapital im Gegenwert von 50 Millionen US-Dollar aufweist, darf sie maximal 100 Millionen US-Dollar an Krediten aufnehmen.

Diese strenge Vorschrift hat dazu geführt, dass bis heute noch keine BDC-Insolvenz anmelden musste. Das bedeutet natürlich nicht, dass du als Aktionär überhaupt keinem Risiko ausgesetzt bist. Werden die oben genannten Kreditgrenzen überschritten, müssen entweder Darlehen abgebaut werden oder das Eigenkapital muss über die Ausgabe neuer Aktien gestärkt werden. Werden neue Aktien ausgegeben, drückt dies durch den Verwässerungseffekt zwangsweise den Aktienkurs nach unten. Ganz ohne Risiko geht es also leider nicht, aber die strenge Regulierung reduziert das Risiko doch erheblich.

Die Tatsache, dass bisher noch keine BDC in die Insolvenz gegangen ist, macht für Einkommensinvestoren auch Vorzugsaktien und Anleihen von BDCs sehr interessant. Darauf gehe ich in einem separaten Abschnitt noch genauer ein. Hier soll es erst einmal um die normale Stammaktie (common stock) gehen, nicht um spezielle Ausgestaltungen wie etwa durch Vorzugsaktien amerikanischen Typs (preferred stock).

Da BDCs gesetzlich zu einer Ausschüttungsquote von über 90 Prozent verpflichtet sind, ist die Dividendenrendite von BDCs überdurchschnittlich hoch. Je nach Bewertung und Marktlage sind 6 bis 12 Prozent möglich, in Einzelfällen sogar noch mehr. Der Aktienkurs von BDCs hängt neben der Entwicklung des eigenen Portfolios in erster Linie vom Zinsumfeld ab. Steigende Zinsen führen tendenziell zu sinkenden Kursen und umgekehrt.

Dabei sind steigende Zinsen nicht zwangsläufig schlecht für BDCs. Häufig besitzen die vergebenen Kredite nämlich einen variablen Zinssatz, sodass die Zinseinnahmen steigen. Gleichzeitig wird aber auch die Refinanzierung für die BDCs teurer. Da das Fremdkapital aber in der Regel fest verzinst ist, profitieren BDCs zunächst einmal von einem Zinsanstieg. Wenn dann allerdings alte, billige Finanzierungen zu höheren Zinsen neu finanziert werden müssen, schmilzt die Gewinnspanne wieder.

Bei fallenden Zinsen funktioniert das Spiel genau umgekehrt: Zuerst werden die variablen Kredite geringer verzinst, was zunächst zu niedrigeren Einnahmen führt. Dann aber können sich BDCs günstiger refinanzieren, was die Kosten senkt – und den Gewinn wieder normalisiert.

Unterm Strich gibt es also keinen Zeitpunkt, zu dem BDCs gar keine Gewinne erzielen können. Es gibt natürliche Schwankungen beim Gewinn, der aber niemals komplett wegbrechen sollte. Ich plädiere daher dafür, dass du dich gedanklich grundsätzlich löst von der

Angst vor schwankenden Aktienkursen. Du solltest BDC-Aktien für ein regelmäßiges hohes Dividendeneinkommen kaufen und nicht, um Kursgewinne zu erzielen.

Trotzdem ist es gut, wenn du den gerade beschriebenen Zins-Zyklus kennst. Er kann dir dabei helfen, optimale Zeitpunkte zum Positionsaufbau oder Nachkauf zu identifizieren. Meiner Erfahrung nach werden BDCs immer dann besonders günstig, wenn die Zinsen schon ein wenig steigen und die Anleger weiter steigende Zinsen befürchten.

Was ist der Net Asset Value (NAV)?

Der **Net Asset Value**, kurz **NAV**, ist der »innere Wert« eines Fondsanteils oder ETFs. Er spielt auch eine wichtige Rolle bei der Bewertung von BDCs. Bei einer Aktie spricht man dagegen vom Buchwert, nicht vom NAV. Eine Ausnahme sind BDCs, die ebenfalls regelmäßig einen NAV-Wert veröffentlichen, weil sie ja ganz ähnlich wie Fonds funktionieren. Der NAV zeigt, wie viel ein Anteil an einem Fonds oder BDC rechnerisch wert ist, wenn du alle enthaltenen Vermögenswerte zum aktuellen Marktpreis bewertest und davon alle Kosten und Verbindlichkeiten abziehst.

Berechnet wird der NAV, indem alle Assets im Fonds oder BDC – etwa Aktien, Anleihen oder Kreditforderungen – zusammengerechnet werden. Von dieser Summe werden dann laufende Kosten und eventuelle Schulden abgezogen. Das Ergebnis ist das Nettovermögen des Fonds oder BDC. Teilt man diesen Betrag durch die Anzahl der ausgegebenen Anteile, erhält man den NAV pro Anteil.

Bei klassischen Investmentfonds ist der NAV besonders wichtig, weil Kauf und Verkauf meist genau zu diesem Wert erfolgen. Sie werden primär nicht an der Börse gehandelt, sondern direkt über die Fondsgesellschaft zum jeweils berechneten Tagespreis. Bei den in den USA gehandelten Closed End Funds (CEFs), die du gleich noch kennenlernen wirst, bestimmen dagegen Angebot und Nachfrage über den Anteilspreis, weil der Fonds die Anteile nicht selbst wieder zurückkauft. Der NAV ist dann nur eine Orientierungshilfe für den fairen Wert.

Bei ETFs sieht es etwas anders aus: Sie werden den ganzen Tag über an der Börse gehandelt, und ihre Anteile werden auch jederzeit von der ausgebenden Fondsgesellschaft wieder zurückgenommen. Der Handel wird von einem Market Maker organisiert, der sich bei seiner Kursstellung am tatsächlichen NAV des ETFs orientiert. Der Marktpreis und der NAV von ETFs unterscheiden sich daher nur marginal.

Für Anleger ist der NAV ein wichtiges Orientierungsmaß. Er zeigt bei US-CEFs und BDCs, ob diese aktuell über oder unter ihrem tatsächlichen Wert gehandelt werden, und hilft dabei, den fairen Preis einer Anlage zu beurteilen.

Auch wenn BDCs unbedingt ein Bestandteil deines Depots sein sollten, gibt es nicht nur gute BDCs. Wie also erkennst du gute BDCs und kannst beurteilen, ob sie gerade günstig bewertet sind? Dabei hilft dir meine Quick-Check-Liste für BDC-Aktien:

- *Ist der Aktienkurs niedriger oder maximal gleich dem Net Asset Value (NAV)?* Ich kaufe bevorzugt zu Zeiten, in denen der Aktienkurs nicht über dem Buchwert liegt. Das liegt nicht zuletzt daran, dass BDCs gerne neue Aktien ausgeben, wenn der Aktienkurs oberhalb des NAV notiert, um auf diese Weise zusätzliches Eigenkapital ohne Verwässerung zu generieren. Von Verwässerung spricht man, wenn ein Unternehmen neue Aktien ausgibt und sich dadurch der prozentuale Anteil der Altaktionäre am Unternehmen verringert. Deren Stück vom »Unternehmenskuchen« wird also kleiner, obwohl sie immer noch gleich viele Aktien besitzen. Das kann dazu führen, dass der Gewinn pro Aktie und Dividende rechnerisch sinkt, wenn das Unternehmen nicht entsprechend stärker wächst.
- *Notiert der Aktienkurs signifikant (20 Prozent oder mehr) unterhalb des NAV?* Das ist ein klares Warnsignal, dass der Markt die NAV-Berechnungen eines Unternehmens anzweifelt. Finger weg! Hierbei ist zu berücksichtigen, dass nicht alle BDCs den Buchwert beziehungsweise NAV ihres Portfolios auf gleiche Weise ermitteln. Na-

türlich gibt es gewisse Vorgaben. Aber innerhalb dieser Vorgaben kann man sich vorsichtiger oder aggressiver bewegen. Deswegen schaue ich mir auch immer die Portfolioqualität genauer an. Genauso wichtig ist aber auch die längerfristige Entwicklung des NAV.

- *Ist die NAV-Entwicklung über die letzten fünf bis zehn Jahre positiv gewesen?* Ein gutes Management sollte in der Lage sein, den NAV langfristig zu steigern. Dieses Wachstum muss nicht exorbitant, sollte aber stetig sein. Ist das Gegenteil der Fall, solltest du einen weiten Bogen um das betreffende Unternehmen machen. Die langfristige Entwicklung des NAV ist so eine Art Lackmus-Test für BDCs. Hier trennt sich die Spreu vom Weizen, und es erklärt sich auch, warum manche BDCs mit großem Abschlag handeln und andere sogar manchmal mit einem Aufschlag. Eine gute BDC wirst du vermutlich nie mit 20 Prozent Discount auf den NAV erwerben können.
- Die Entwicklung des NAV ist aber nicht nur ein Indikator für die Management-Qualität, sondern auch für die weitere Entwicklung essenziell. BDCs steigern ihr Eigenkapital dadurch, dass sie regelmäßig weitere Aktien ausgeben. Wenn sie dies unter NAV tun, zerstören sie damit Shareholder Value. Wenn sie dagegen 1 US-Dollar an Portfolio-Vermögen für 1,10 US-Dollar verkaufen können, wird sogar schon mit der Ausgabe der Aktie ein zusätzlicher Wert für Aktionäre geschaffen.
- *Liegt der Anteil der erstrangig besicherten Kredite im Portfolio bei mindestens 80 Prozent? Ist die Verzinsung attraktiv, aber nicht deutlich über Marktdurchschnitt?* Für uns als außenstehende Investoren ist es unmöglich, ein Kredit-Portfolio im Detail nachzuvollziehen und zu beurteilen. Selbst wenn es möglich wäre, wäre das zu zeitintensiv und daher nicht zielführend. Du solltest dich daher auf zwei wesentliche Variablen konzentrieren: durchschnittliche Verzinsung des Portfolios im Vergleich mit anderen BDCs und die Besicherung. In den Quartalsberichten geben BDCs immer an, wie hoch die durchschnittliche Verzinsung des Portfolios ist. Befindet sich die Verzinsung, verglichen mit anderen BDCs, eher am hohen Ende,

spricht das für ein riskanteres Portfolio. Renditen jenseits von 12 bis 13 Prozent würden bei mir Fragezeichen aufwerfen. BDCs geben auch immer an, wie hoch der Anteil an erstklassig besicherten Krediten ist. Hier gilt ganz klar: Mehr ist besser. Qualitativ hochwertige BDC-Portfolios kommen hier auf Werte von über 90 Prozent. Normalerweise findest du diese Angabe in jeder Investoren- oder Quartalspräsentation eines BDCs.

- *Ist das Management selbst signifikant an der BDC beteiligt oder gab es jüngst sogar Insiderkäufe?* Es gibt viele gute BDCs, wo das Management nur zu einem kleinen Anteil investiert ist. Es ist also kein KO-Kriterium, wenn der Insider-Anteil am Unternehmen gering ist. Andersherum ist es für mich aber ein großes Plus, wenn Insider stark ins Unternehmen investiert sind und vielleicht sogar in den vergangenen Monaten signifikant Aktien vom BDC über den Markt gekauft haben. Ein hoher Insider-Anteil macht es wahrscheinlicher, dass Interessen von Aktionären und Management identisch sind.

Das sind für mich die wesentlichen Faktoren bei der schnellen Auswahl potenzieller Kaufkandidaten im BDC-Bereich. Unternehmen, welche diese Bedingungen erfüllen, sind attraktiv bewertet, besitzen ein qualitativ hochwertiges Portfolio an Krediten und haben schon über längere Zeit bewiesen, dass sie Werte für ihre Aktionäre schaffen können. Komplizierter musst du es dir nicht machen!

Es gibt Anleger, die einen großen Unterschied zwischen intern und extern gemanagten BDCs sehen. Ich gehöre nicht dazu. Intern gemanagt heißt nichts anderes, als dass das Management im Unternehmen angestellt ist und oft auch zu den Gründern und den größten Aktionären gehört. Das Gute an dieser Konstellation ist, dass Aktionäre und Management nahezu die gleichen Interessen haben.

Externe BDCs werden häufig von größeren Fondsgesellschaften gemanagt, und das Management ist zumeist nicht am Unternehmen beteiligt, oft auch nicht am Unternehmenserfolg. Die externen Manager erhalten in der Regel eine Management-Fee, die umso höher ausfällt, je größer das Portfolio ist. Kritiker sagen, dass externe Manager daher hauptsächlich darauf achten, das Volumen zu steigern, während die Profitabilität eine untergeordnete Rolle spielt.

Es gibt sicherlich Fälle, in denen diese Kritik zutrifft. Meistens werden diese BDCs aber auch deutlich unter ihrem NAV gehandelt und zeigen auch keine positive Wertentwicklung über einen längeren Zeitraum. Damit fallen diese Unternehmen sowieso schon durch unseren Check.

Gerade von den großen Private-Equity-Häusern wie BlackRock oder KKR gibt es aber durchaus interessante BDCs, auch wenn diese extern gemanagt werden. Ein großer Vorteil ist, dass die Privat-Equity-Häuser häufig als Eigentümer auch auf der anderen Seite der Kreditnehmer sitzen und so ein möglichst positiver Fortbestand der Unternehmen im Interesse aller Beteiligten ist. Außerdem kennt der Kreditgeber seine Schuldner besser. Ich habe daher keine Probleme damit, eine extern gemanagte BDC zu kaufen, sofern sie meinen anfänglichen Qualitätstest bestanden hat.

Preferred Shares: Höhere, garantierte Dividenden (zum richtigen Zeitpunkt)

Wenn du auf Wachstum und deutliche Kursgewinne verzichten kannst und dafür garantierte Dividenden bevorzugst, dann sind Preferred Shares (Vorzugsaktien amerikanischen Typs) eine interessante Anlageklasse für dich. Ganz wichtig für dein Verständnis: Wenn ich hier von Preferred Shares oder Vorzugsaktien rede, dann meine ich immer die in den USA ausgegebenen Preferred Shares. Deutsche Vorzugsaktien funktionieren anders und spielen bei meinen Überlegungen keine Rolle. Nur zur Klarstellung: Dabei handelt es sich um eine Aktiengattung, bei der ein Aktionär eine variable Dividende bekommt, die aber höher ist als bei deutschen Stammaktien. Im Gegenzug verzichtet er dafür auf sein Stimmrecht auf der Hauptversammlung.

Zurück zu den US-amerikanischen Vorzugsaktien: Auch ich habe immer wieder einmal Preferred Shares in meinem Depot, allerdings in begrenztem Umfang. Warum nur situativ und in begrenztem Umfang?

Um meine Gedanken besser zu verstehen, solltest du die grundlegenden Eigenschaften von Preferred Shares kennen.

Preferred Shares werden auch als »hybride« Finanzinstrumente bezeichnet, weil sie ihren Platz zwischen Aktien und Anleihen einnehmen. Wie Stammaktien US-amerikanischen Typs (common shares) repräsentieren Vorzugsaktien einen Anteil am Eigenkapital eines Unternehmens. Allerdings bieten sie gleichzeitig – wie Anleihen – eine regelmäßige Dividende auf ihren Nennwert.

Preferred Shares/Vorzugsaktien sind deshalb vor allem bei Privatanlegern beliebt, weil sie in kleinen Stückelungen (zumeist 25 US-Dollar Nennwert je Aktie) eine höhere Rendite bieten als die Dividendenrendite der Stammaktien oder die Anleihe desselben Unternehmens. Die Dividende auf die Vorzugsaktie muss auch vorrangig bezahlt werden. Wenn ein Unternehmen weniger Ertrag erwirtschaftet, wird zuerst die Dividende auf die Stammaktien gestrichen.

Wenn ein Unternehmen eine – eigentlich garantierte – Dividendenzahlung auf die Vorzugsaktie ausfallen lässt, gibt es zwei Möglichkeiten: Entweder die Dividendenzahlung muss nachgeholt werden; bevor das nicht geschehen ist, darf auch keine Dividende auf die Stammaktie gezahlt werden. Oder die verpasste Zahlung fällt einfach aus. Im ersten Fall reden wir von einer kumulativen Vorzugsaktie (»Cumulative Preferred Share«), im zweiten Fall von einer nichtkumulativen Vorzugsaktie (»Non-Cumulative Preferred Share«).

Auch wenn Vorzugsaktionäre immer Vorrang vor den Aktionären der Stammaktien haben, sind die Zahlungen eben nicht zu 100 Prozent garantiert. Auch im Falle einer Insolvenz sind Aktionäre von Vorzugsaktien nur geringfügig bessergestellt als normale Aktionäre. Für dieses Risiko werden normale Aktionäre mit der Aussicht auf steigende Erträge und Kursgewinne entlohnt; Vorzugsaktien profitieren von einer positiven Unternehmensentwicklung nur im Rahmen ihrer festgeschriebenen Dividende.

Fällt eine Vorzugsdividende aus, zählt das, anders als bei einer ausgefallenen Zinszahlung, nicht als Default (Default = Zahlungsverzug eines Gläubigers, der unter Umständen vorzeitige Rückzahlung von

Krediten oder sogar eine Insolvenz zur Folge haben kann). Es hat also durchaus seine Berechtigung, wenn Preferred Shares eine höhere Rendite bieten als die Anleihen und Stammaktien eines Unternehmens. Andererseits sind im Krisenfall Anleihen und Baby Bonds (Baby Bonds = »kleine Anleihen«, sie werden im nächsten Abschnitt beschrieben) deutlich bessergestellt als Preferred Shares. In den wenigen Fällen, in denen die Anleihen und Preferred Shares eines Emittenten beide ein Rating (eine Bonitätseinstufung des Emittenten) besitzen, sind Preferred Shares in der Regel ein Level unter den Anleihen des betreffenden Emittenten eingestuft.

Ich investiere daher nur in Preferred Shares, wenn diese in einer speziellen Situation ein besonderes Renditepotenzial bieten, welches sich nicht anders abschöpfen lässt. Dies kann beispielsweise sein:

- Ein bestimmtes Unternehmen hat nur Preferred Shares ausgegeben und keine Anleihen. Bieten diese eine deutlich attraktivere Dividendenrendite als die Stammaktien des Unternehmens, ziehe ich die Preferred Shares eines Unternehmens in Betracht.
- Aufgrund geringer Liquidität oder anderen Marktineffizienzen notiert eine Preferred Share deutlich unter ihrem fairen Wert. Im Segment der Preferred Shares sind Marktineffizienzen ein häufiges Phänomen. Dieser Investitionsgrund ist also keine seltene Ausnahme.

Um den fairen Wert einer Preferred Share besser einschätzen zu können, musst du wissen, wie viele Dividendentermine es im Jahr gibt und an welchem Datum man die Aktie besitzen muss (Record Day), um sich für die Zahlung der Dividende zu qualifizieren. Häufig gibt es jedes Quartal eine Dividendenzahlung.

Bis zum Record Day kannst du beobachten, wie der Preis der Preferred Aktie langsam ansteigt. Nach der Dividenden-Auszahlung sinkt der Aktienkurs um ziemlich genau den Ausschüttungsbetrag. Man spricht dann vom Ex-Tag. In einem ansonsten gleichen Umfeld würden die Ex-Dividenden-Tage für eine Sägezahn-Optik im Kursverlauf sorgen.

Natürlich werden die Dividendenzahlungen aber auch von allgemeinen Börseneinflüssen überlagert. Vor allem das Zinsniveau für Anleihen ist ein relevanter Treiber für steigende oder sinkende Kurse von Preferred Shares. Je länger die garantierte oder angenommene Laufzeit einer Preferred Share ist, desto sensibler reagiert der Kurs auf Zinsänderungen. Es ist also wichtig, das Fälligkeitsdatum (Maturity Date) einer Preferred Share zu kennen. Es gibt übrigens auch ewig laufende Preferred Shares ohne Fälligkeitsdatum. Deren Kurs reagiert am stärksten auf Zinsänderungen.

Neben dem Fälligkeitsdatum haben viele Preferred Shares noch ein zusätzliches Kündigungsdatum (Call Date). Mit dem Erreichen dieses Datums kann der Emittent die Preferred Shares zum Nennwert zurückkaufen, muss das aber nicht tun. Zum Fälligkeitsdatum MUSS er die Vorzugsaktien gegen Zahlung des Nennwertes zurücknehmen. Kündigungsdatum (Call Date) und Fälligkeitsdatum (Maturity Date) sind also zwei verschiedene Begriffe.

Dass ein Emittent die Aktie direkt zum erstmöglichen Zeitpunkt zurückkauft, ist keineswegs sicher. Wenn die Zinsen auf die betreffenden Preferred Shares aus heutiger Sicht niedrig sind, wird er die Emission vermutlich nicht zurückkaufen. Warum auch? Jede neue Finanzierung käme ihn teurer zu stehen. Wurden die Preferred Shares dagegen in einer Hochzinsphase ausgegeben, könnte sich eine Refinanzierung zu günstigen Konditionen lohnen. Eine Rücknahme der Preferred Shares ist nun wahrscheinlicher. Preferred Shares, bei denen der Emittent von seinem Rückkaufrecht (Call-Recht) sehr wahrscheinlich Gebrauch macht, notieren daher kurz vor dem möglichen Termin nahe ihrem Nennwert.

Wann die Zinszahlungen erfolgen und welche Call-Berechtigungen der Emittent besitzt, lässt sich aus dem Wertpapierprospekt der jeweiligen Vorzugsaktie herauslesen. Sehr hilfreich ist dabei die Website QuantumOnline.com, wo du sowohl einen schnellen Überblick über die wichtigsten Konditionen erhältst und zudem immer einen Link zum Wertpapierprospekt einer jeden Emission findest. Ein Beispiel zeigt Abbildung 10.

Argo Group International Holdings, Ltd. Resettable Fixed Rate Preference Shares
Ticker Symbol: ARGO-A CUSIP: 040128407 Previous CUSIP: 040128209 Exchange: NYSE
Security Type: Traditional Preferred Stock

QUANTUMONLINE.COM SECURITY DESCRIPTION: Argo Group International Holdings, Ltd. 7.00% Depositary Shares each representing a 1/1000 interest in a share of the 7.00% Resettable Fixed Rate Preference Shares, liquidation preference $25 per Depositary share, redeemable at the issuer's option on 09/15/2025 and every September 15th in every fifth year thereafter at $25 per Depositary share plus declared and unpaid dividends, and with no stated maturity.

Non-cumulative distributions of the Annual Fixed Dividend Rate will be paid quarterly on 3/15, 6/15, 9/15 & 12/15 to holders of record on the 15th calendar day before that dividend payment date or such other record date fixed by the board, not more than 30 days or less than 10 days prior to the payment date (NOTE: the ex-dividend date is one business day prior to the record date). The Annual Fixed Dividend Rate will be 7.00% until the first redemption date, then it will be equal to the sum of the Five-year U.S. Treasury Rate on the applicable fixed rate calculation date plus 6.712%, resetting every 5 years thereafter on applicable fixed rate calculation date (see prospectus for more details). The dividends are non-cumulative and if the board of directors does not declare a dividend or the company fails to pay a dividend declared by the board for any quarterly dividend period, the holder will not be entitled to receive any dividend for that quarterly period and the undeclared or unpaid dividend will not accumulate. Dividends paid by these preference shares are eligible for the preferential income tax rate of 15% to a maximum of 20% depending on the holder's tax bracket (and under IRS specified holding restrictions) but, since they are issued by a foreign company, are NOT eligible for the dividends received deduction for corporate holders (see page S-51 of the prospectus for further information).

The Company may redeem the Depositary Shares outside of the call period at $26 (104%) of their principal amount plus declared and unpaid dividends, if a change of control event occurs. The Company may redeem the Depositary Shares outside of the call period at $25.50 (102%) of their principal amount plus declared and unpaid dividends, if a Tax event occurs; outside of the call period at $25.50 (102%) of their principal amount plus accrued and unpaid dividends if a rating agency event occurs. The Company may redeem the Depositary Shares outside of the call period at $25 (100%) of their principal amount plus accrued and unpaid dividends, if a regulatory capital event occurs (see prospectus for further information).

This security was rated as Not rated by Moody's and rated BB by S&P at the date of its IPO. In regard to the payment of dividends and upon liquidation, the preference shares rank junior to the company's senior and preferred debt, equally with other preference shares of the company, and senior to the common shares of the company. See the IPO prospectus for further information on the preferred stock by clicking on the 'Link to IPO Prospectus' provided below.

Stock Exchange	Cpn Rate Ann Amt	LiqPref CallPrice	Call Date Matur Date	Moodys/S&P Dated	Distribution Dates	15% Tax Rate
NYSE Chart	Reset Rate $1.75	$25.00 $25.00	9/15/2025 None	NR NR 4/16/2023	3/15, 6/15, 9/15 & 12/15 Click for MW ExDiv Date Click for Yahoo ExDiv Date	YES

Abbildung 10: *Screenshot am Beispiel der Preferred Share der Argo Group. Auf eine kurze Beschreibung der Prospektbedingungen folgt ein Übersichtskasten, der Aufschluss gibt über die Dividendenzahlung, Call-Termine, Maturity Date usw. (Quelle: QuantumOnline.com).*

Achtung: Wichtig ist für dich als nicht in den USA ansässiger Investor noch die steuerliche Behandlung von Aktien von »Limited Partnerships«. Das sind alle Aktien, deren Unternehmensform hinten mit dem Kürzel LP angezeigt wird. Was für die Stammaktien steuerlich gilt, das gilt auch für die Preferred Aktien des Unternehmens. Da LPs in der Regel überdurchschnittlich hohe Dividendenrenditen besitzen, wirst du auf jeden Fall über diese Unternehmensform stolpern.

Limited Partnerships profitieren von einer ganzen Reihe von Steuervergünstigungen und können deshalb eine überdurchschnittlich hohe Dividende ausschütten. US-Steuerzahler müssen diese Ausschüttungen dann aber anschließend mit ihrem persönlichen Einkommensteuersatz besteuern lassen.

Da bei internationalen Anlegern nichts für den US-Fiskus zu holen ist, hat man sich eine andere Besteuerung überlegt, die aus fiskalischer

Sicht die verlorenen Einnahmen kompensieren soll. Beim Verkauf einer LP-Aktie werden pauschal 10 Prozent des Veräußerungserlöses an das amerikanische Finanzamt abgeführt. Diese pauschale Steuer fällt auch dann an, wenn du gar keinen Kursgewinn erzielt hast. Kurzum: Diese Besteuerung ist extrem unvorteilhaft für ausländische Anleger, sodass du um sämtliche LPs einen weiten Bogen machen solltest.

Mein abschließendes Fazit zu Preferred Shares für dich lautet: Gibt es andere Möglichkeiten, hohe Dividenden oder Zinsen von einem Unternehmen zu erhalten, sind Preferred Shares nicht die erste Wahl.

Im Vergleich zu normalen US-Stammaktien sind die Dividendenzahlungen solcher US-Vorzugsaktien nur geringfügig besser geschützt (ein Zahlungsausfall wird nicht als Default betrachtet). Sie profitieren hingegen so gut wie gar nicht von einer erfolgreichen Unternehmensentwicklung, weder durch Kursgewinne noch durch wachsende Dividenden. Gegenüber Anleihen haben Preferred Shares häufig nur eine geringfügig bessere Verzinsung; sie sind aber deutlich schlechter geschützt. Denn: Zinsen werden immer gezahlt, weil sonst ein technischer Default eintritt. Darüber hinaus gehören Anleihen zum Fremdkapital mit einem gewissen Gläubigerschutz im Insolvenzfall. Preferred Shares werden hingegen zum weniger geschützten Eigenkapital gerechnet.

Dass Preferred Shares dennoch eine Rolle in meinem Depot spielen, liegt schlicht und ergreifend an deren großem Angebot und der Marktineffizienz in diesem Sektor. Ich würde, wenn ich Zinseinnahmen erzielen möchte, unter gleichen Bedingungen immer eine Anleihe vorziehen. Doch gibt es diese nicht immer; Preferred Shares werden viel häufiger ausgegeben. Gerade mittelgroße und kleinere Unternehmen haben häufig neben ihren Stammaktien und ein paar Bankkrediten nur Preferred Shares ausstehen. Insofern sorgt einfach die schiere Masse des Angebots dafür, dass sich trotz der genannten Nachteile immer wieder attraktive Investmentkandidaten finden lassen.

Bezüglich der Markteffizienz kann ich aus Erfahrung berichten: Im Segment der Preferred Shares findet deutlich weniger Handel statt als bei großen Aktien. Entsprechend marktfern kann mitunter die Kursstellung ausfallen. Das liegt daran, dass Preferred Shares nur im geringeren Umfang von großen Fonds gekauft werden. Und wenn, dann müssen die Fondsmanager wegen der geringeren Handelsliquidität deutlich langsamer ein- und aussteigen. In diesem Segment kannst du daher deinen Vorteil als wendiger Privatanleger überdurchschnittlich gut ausspielen.

Emittiert ein Unternehmen jedoch auch Baby Bonds, dann sind diese zumeist interessanter für mich als die Preferred Shares eines Unternehmens. Was sich hinter Baby Bonds verbirgt, das verrate ich dir im nächsten Abschnitt.

Baby Bonds: Das wenig bekannte Renditejuwel für Privatanleger

Es gibt eine besondere Form von Anleihen, liebevoll »Baby-Anleihen« beziehungsweise »Baby Bonds« genannt. In Deutschland sind sie nahezu unbekannt. In den USA sind Baby Bonds hingegen bei Privatanlegern sehr beliebt, weil sie gleich mehrere Vorteile für private Investoren bieten, die auf der Suche nach überdurchschnittlich hohen Zinsen sind.

Baby Bonds sind ähnlich strukturiert wie andere Anleihen und werden an den US-Börsen NASDAQ und New York Stock Exchange (NYSE) gehandelt. Sie haben einen festgelegten Nominalwert (Face Value), einen – zumeist – festen Kupon und ein Laufzeitende, zu dem der Emittent dem Anleger den Nominalwert zurückzahlt. Wenn der Kupon nicht fest ist, dann wird er in der Regel alle paar Jahre, abhängig von einem bestimmten Referenzzinssatz, neu angepasst. Eine häufige Verzinsung wäre zum Beispiel die »Secured Overnight Financing Rate (SOFR) plus 4 Prozentpunkte«. Der SOFR ist ein wichtiger Referenzzins in den USA. Er zeigt, zu welchem Zinssatz sich Banken und Finanzinstitute über Nacht gegenseitig Geld leihen, ein Geschäft, das abgesichert ist durch US-Staatsanleihen. Er gilt als besonders zuverlässig, weil er auf echten Marktgeschäften basiert und den früher üblichen LIBOR (London Interbank Offered Rate) weitgehend ersetzt hat.

Sehr häufig haben Baby Bonds auch ein sogenanntes vorzeitiges Kündigungsdatum (Call Date), welches vor dem Laufzeitende liegt.

Nach dem Call Date kann der Emittent eine Anleihe jederzeit mit einer gewissen Frist (normalerweise 30 Tage) kündigen, ohne dass er dafür Strafzinsen entrichten müsste. Wer einen davon betroffenen Baby Bond kauft, muss wissen, dass der Emittent diesen jederzeit zum Nominalwert zurückkaufen kann. Einen deutlich über Nominalwert liegenden Preis solltest du dann nicht mehr zahlen.

Der erste und offensichtlichste Unterschied ist die geringere Stückelung gegenüber traditionellen Anleihen. Während herkömmliche Anleihen häufig einen Nennwert von 1.000 US-Dollar oder mehr haben, weisen Baby Bonds einen deutlich geringeren Nennwert auf, oft nur 25 oder 100 US-Dollar. Diese niedrigere Stückelung macht sie für Privatanleger attraktiver, da sie den Kauf von Anleihen auch mit kleinerem Anlagekapital ermöglicht. Im Gegensatz zu traditionellen Anleihen sind Baby Bonds immer börsennotiert und damit einfach zu handeln.

Doch neben der niedrigeren Stückelung bieten Baby Bonds Anlegern auch die Möglichkeit, eine höhere Verzinsung zu erhalten, ohne dabei notwendigerweise ein gesteigertes Risiko in Kauf nehmen zu müssen. Bei dieser Aussage wirst du möglicherweise skeptisch sein, aber lass es mich kurz erklären: Die Marktineffizienz ist bei Baby Bonds deutlich größer als bei traditionellen Anleihen. Mit etwas Recherche lassen sich daher immer wieder Baby Bonds finden, die für ihr überschaubares Risiko eine deutlich zu hohe Rendite bieten, also unter ihrem wahren Wert gehandelt werden.

Diese Ineffizienzen kommen in erster Linie dadurch zustande, dass Baby Bonds nur von wenigen professionellen Großanlegern gekauft werden. Die meisten Emissionen sind dem Handelsvolumen nach viel zu klein, als dass ein großer Anleihen-Fonds hier problemlos investieren könnte. Die typischen Marktteilnehmer sind daher kleinere Family Offices und Privatanleger wie du und ich. Sie verfügen nicht über die gleichen Informationsressourcen oder Analysewerkzeuge wie die Großen, und so kommt es zu weniger Wettbewerb und einer geringeren Effizienz bei der Preisfindung.

Einige Anleger lassen sich von der Tatsache abschrecken, dass die meisten Baby Bonds kein Rating besitzen, aber diese Angst ist unbegründet. Die hohen Kosten einer Ratingagentur sind bei kleinen Anleiheemissionen, teilweise sogar unter 100 Mio. US-Dollar, schlichtweg nicht zu rechtfertigen. Die Zielgruppe für diese Emissionen kennt diese Unternehmen meist gut und benötigt auch kein Rating.

Ein gutes Beispiel sind Baby Bonds, die von BDCs ausgegeben werden, einer Unternehmenskategorie, die du schon kennengelernt hast. Diese unterliegen strengen regulatorischen Vorschriften, was die Fremdkapitalaufnahme angeht. Wir erinnern uns: BDCs können maximal das Doppelte ihres Eigenkapitals an Krediten aufnehmen. Bei 10 Mio. US-Dollar an Eigenkapital dürften also nur 20 Mio. US-Dollar an Fremdkapital aufgenommen werden. Wird diese Kennzahl verletzt, muss das Unternehmen mehr Eigenkapital durch die Ausgabe neuer Aktien aufnehmen.

Für die Gläubiger ist dies eine komfortable Situation. Denn aufgrund der strengen Beschränkungen ist bis heute noch keine BDC in die Insolvenz gegangen. Aufgrund dieser hohen Sicherheit interessiere ich mich ganz besonders für Baby Bonds von BDCs. Schnäppchen kann man aber immer wieder auch in anderen Branchen machen, und manche BDCs besitzen sogar ein Rating, was die Auswahl noch einfacher macht.

Ich habe gerade einmal in mein Depot geschaut, von welchen Unternehmen ich dort Baby Bonds halte, um dir eine bessere Vorstellung davon geben zu können, aus welchen Branchen diese stammen können. Die meisten der von mir gehaltenen Baby Bonds stammen von BDCs. Die Vorteile dieser Emittenten haben wir gerade besprochen. Auch geschlossene Fonds, sogenannte Closed End Funds (CEFs) emittieren ab und zu Baby Bonds und müssen ähnlich strenge Regeln einhalten wie die BDCs.

Abseits dieser geläufigen Emittenten halte ich aktuell noch Baby Bonds von Banken, Versicherungen und Stromversorgern. Auch wenn dieser Querschnitt meines Depots eine Momentaufnahme ist, spiegelt er meiner Meinung nach sehr gut die typische Emittenten-Auswahl unter den Baby Bonds wider.

Baby Bonds gehören, anders als Preferred Shares, eindeutig zum Fremdkapital. Wenn die Zinsen nicht gezahlt werden, geht das Unternehmen dadurch technisch in die Insolvenz. Während in wirtschaftlichen Schwierigkeiten der Verzicht auf die Zahlung einer Dividende auf eine Vorzugsaktie erst einmal keine Konsequenzen für das Unternehmen nach sich zieht, wird ein Unternehmen die Zinszahlung auf eine Anleihe (und auch Baby Bonds) nicht einfach auslassen, sofern es dafür noch irgendeine Möglichkeit gibt. Denn eine ausbleibende Zinszahlung ist gleichbedeutend mit dem Default eines Unternehmens – eine ausbleibende Dividendenzahlung ist dagegen »nur« ärgerlich für den Aktionär.

Und noch einen weiteren wichtigen Unterschied solltest du beachten. Im Vergleich zu Preferred Shares/Vorzugsaktien haben Baby Bonds immer ein Laufzeitende. Wichtig: Ab dem Call Date *kann* der Emittent zu vorher definierten Bedingungen die Baby Bonds zurücknehmen, zum Laufzeitende *muss* er es. Anleger kennen also von vornherein ihre maximale Haltedauer.

Mit diesem Wissen im Hinterkopf empfehle ich dir, dein Depot so zu strukturieren, dass nicht alle Baby Bonds gleichzeitig auslaufen. Damit würdest du dich selbst einer unnötig hohen Unsicherheit beim Reinvestieren des freigewordenen Kapitals aussetzen. Wir haben sehr lange sehr niedrige Zinsen gehabt, jetzt sind die Zinssätze wieder höher. Auch zukünftig wird das Zinsniveau schwanken. Eine genaue Prognose für Jahre im Voraus ist jedoch unmöglich.

Wie sieht also die beste Anlagestrategie bezüglich der Fristigkeiten aus? Idealerweise gestaltest du dein Baby-Bond-Portfolio so, dass die Bonds nacheinander auslaufen. Ein solchermaßen aufgebautes Portfolio bezeichnet man als »Bond Ladder« oder, auf Deutsch, Anleihen-Leiter. So hast du immer Baby Bonds, die in Kürze auslaufen und deren Kapital du reinvestieren musst. Du hast aber auch andere Bonds, die noch mehrere Jahre laufen und dir solange sichere Erträge liefern.

Auf welchen Zeitraum du die Bond Ladder auslegst, ist eine Frage deiner persönlichen Präferenz. Ich versuche meistens von einem bis sieben Jahren alle Laufzeiten abzudecken. Da Baby Bonds in der Regel kürzere Laufzeiten haben, ist es sowieso schwer, darüber hinaus die Leiter ununterbrochen fortzusetzen. Mit sieben Jahren hast du im Normalfall auch einen guten Teil eines Zinszyklus abgedeckt. Ein Zinszyklus beschreibt die Phase, in der Notenbanken die Zinsen über längere Zeit anheben, stabil halten oder wieder senken.

Solltest du das Gefühl haben, dass du zu einem gewissen Zeitpunkt einmal außerordentlich hohe Zinsen bekommst, kannst du zu diesem Zeitpunkt auch verstärkt länger laufende Bonds kaufen und damit die Leiter an deine Prognosen anpassen.

Closed End Funds: Renditeperlen der Altersvorsorge

Closed End Funds (CEF) gehören im angelsächsischen Raum schon seit Jahrzehnten zu den Standardanlagen der Altersvorsorge. Neben regelmäßigen überdurchschnittlichen Ausschüttungen punkten CEFs aber noch mit weiteren Vorteilen. Auch in Deutschland begeistern sich deshalb immer mehr Einkommensinvestoren für CEFs. Vielen Anlegern ist diese interessante Anlageklasse aber nach wie vor unbekannt.

Ich befürchte zudem, dass CEFs nach den jüngsten Entscheidungen auf EU-Ebene auch der Mehrheit der deutschen Anleger für immer unbekannt bleiben werden. Hier hat sich das ganze Unwissen der EU-Entscheider in Bezug auf Investments und Altersvorsorge Bahn gebrochen. Der private Anleger wird wie ein kleines, naives Kind behandelt, anstatt eigenverantwortlich seine Entscheidungen treffen zu können.

Was ist passiert, was mich als ansonsten gut gelaunten Autoren so wütend macht?

In der EU müssen Fonds im Sinne des Anlegerschutzes ein »Key Investor Information Document« (KIID) veröffentlichen, wenn die Fondsanteile für den Handel von Privatanlegern freigegeben werden sollen. Das klingt zunächst einmal gut, birgt aber folgendes Problem: Viele US-Anbieter von ETFs und auch CEFs interessieren sich dafür nicht. Denn ihr Zielmarkt ist in erster Linie Nordamerika. Und so sind viele interessante Fonds und ETFs in Deutschland für Privatanleger nicht handelbar.

Gibt es einen Umweg? Ich handle die CEFs über Interactive Brokers und habe mich hier inzwischen als professioneller Anleger einstufen lassen. Um das zu erreichen, musst du aber zwei der drei folgenden Kriterien erfüllen:

- Dein Depotwert muss mindestens 500.000 Euro betragen.
- Du musst regelmäßig Transaktionen in signifikanter Größe durchführen. Bei Interactive Brokers bedeutet dies mindestens 10 Transaktionen pro Quartal im letzten Jahr und einem Gesamtgegenwert von mindestens 200.000 Euro.
- Du hast mindestens ein Jahr in der Finanzindustrie in einer Position gearbeitet, in der du das relevante Wissen für Finanzanlagen erworben hast.

Ich weiß: Dieser Weg ist nicht für jeden Anleger gangbar. Wenn eine Einstufung als professioneller Anleger für dich nicht infrage kommt, kannst du alternativ bei einem US-Broker ein Konto aufmachen, um CEFs kaufen zu können. Ich habe schon von einigen Anlegern gehört, dass eine Kontoeröffnung für Europäer bei tastytrade.com, einem US-Broker, relativ unkompliziert zu bewerkstelligen sei.

Lohnt sich dieser Aufwand? Wenn du wie ich rund 30 Prozent deines Dividendendepots in Fixed-Income-Investments (Anlagen in Anleihen, besicherte Darlehen usw.) halten möchtest, könnte sich dieser Aufwand tatsächlich lohnen. Am besten liest du dir die folgenden Informationen zu CEFs aufmerksam durch und triffst dann eine informierte Entscheidung.

Aber keine Sorge: Eine Dividendenfabrik kannst du dir auch ohne CEFs aufbauen. Und ich habe noch eine gute Nachricht, falls du schon enttäuscht weiterblättern willst. Auch in Großbritannien, Kanada und Australien gibt es einen gut entwickelten Markt für Closed End Funds. Ich habe tatsächlich aus allen genannten Ländern geschlossene Fonds beziehungsweise Trusts im Depot, weil ich auf diese

Weise zwischen verschiedenen Wirtschafts- und Währungsräumen diversifizieren kann.

In der Hoffnung, deine Aufmerksamkeit zurückgewonnen zu haben, geht's jetzt los. Was sind Closed End Funds überhaupt?

CEFs sind, wie der Name schon vermuten lässt, geschlossene Fonds, allerdings nicht in der Form, wie wir sie aus Deutschland kennen. CEFs sind verwandt mit ETFs, und ihre Anteile werden ebenfalls an der Börse gehandelt.

Der wesentliche Unterschied besteht beim Umgang mit dem Fonds-Vermögen. Wird ein ETF-Anteil an den Fonds zurückverkauft, muss das diesem Anteil unterliegende Vermögen liquidiert werden. Andernfalls kann der Fonds den Gegenwert nicht erstatten. ETFs müssen daher regelmäßig am Markt aktiv handeln: Mittelzuflüsse müssen sofort investiert werden. Bei Mittelabflüssen müssen Investments zu Geld gemacht werden.

CEFs funktionieren anders: Ihre Anteile werden ebenfalls von der Fondsgesellschaft ausgegeben. Es besteht aber kein Anspruch mehr auf Rückgabe der Anteile an die Fondsgesellschaft. Stattdessen werden die Anteile wie Aktien am Markt gehandelt und unterliegen dabei den normalen Schwankungen. Der Marktpreis – und das ist ein entscheidender Unterschied – ist aber nicht zwangsläufig mit dem Vermögenswert eines Anteils (Net Asset Value, NAV) identisch.

Wie bewertest du einen CEF? Bei der Frage, ob ein CEF aktuell günstig oder teuer ist, spielt der Net Asset Value dann aber doch eine wichtige Rolle. Mit der Ausschüttungshöhe und der Nachhaltigkeit der Ausschüttung gibt es noch zwei weitere wichtige Faktoren für die Bewertung.

Bei CEFs ist eines sehr praktisch: Der Net Asset Value wird börsentäglich neu veröffentlicht. Liegt der Marktpreis für einen Anteil unter dem NAV, wird der Anteil mit einem Discount auf den NAV gehandelt. Im gegenteiligen Fall, wenn der Marktpreis über dem NAV liegt, wird der CEF mit einer Prämie auf den NAV gehandelt. Die Website www.cefconnect.com bietet zu zahlreichen CEFs die betreffenden Angaben, wie Abbildung 11 an einem Beispiel zeigt.

PGIM Global High Yield Fund, Inc.: GHY

Overview
As of 8/24/2021

	Share Price	NAV	Premium/ Discount
Current	$15.65	$16.60	-5.72%
52 Wk Avg	$14.65	$16.29	-10.15%
52 Wk High	$15.99	$16.87	-4.34%
52 Wk Low	$12.69	$15.24	-16.81%

Regular Distribution Type	Income Only
Distribution Rate	8.05%
Distribution Amount	$0.1050
Distribution Frequency	Monthly

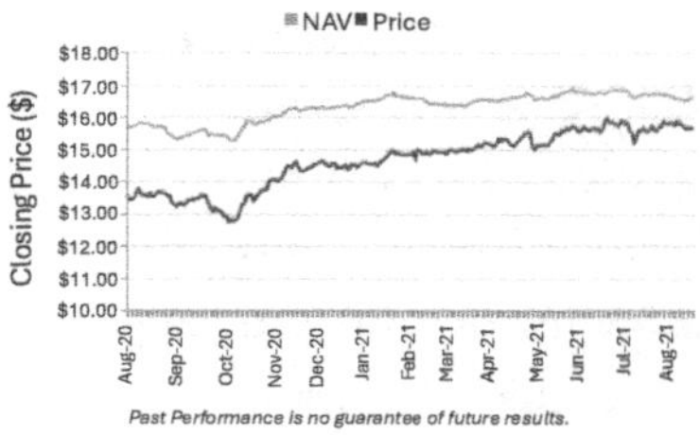

Abbildung 11: *Die wichtigsten Kennzahlen eines US-CEFs. Eingekreist siehst du oben den aktuellen Abschlag (da negativ) auf den NAV und unten die aktuelle Ausschüttungsrendite. (Quelle: cefconnect.com)*

Sind CEFs mit einer Prämie teuer und CEFs mit einem Discount dagegen günstig? Es wäre schön, wenn sich dieser naheliegende Ansatz auf die Realität übertragen lassen würde. Doch so einfach ist es leider nicht. Es gibt Fonds, die nahezu ihr ganzes Leben lang mit einer Prämie gehandelt werden. Genauso gibt es Fonds, die fast immer mit einem Abschlag gehandelt werden. Der NAV kann daher nur ein erster Anhaltspunkt sein.

Mindestens ebenso wichtig ist die Ausschüttungsquote. CEFs werden überwiegend von Anlegern gehalten, die auf regelmäßige hohe Ausschüttungen Wert legen. Deswegen schütten die meisten CEFs sogar monatlich aus. Je höher die Ausschüttungsrendite ausfällt, desto eher wird ein CEF auch mit einem Aufschlag beziehungsweise einer Prämie gehandelt.

Doch Vorsicht: Die hohe Ausschüttung – und damit komme ich zum dritten Faktor – muss auch nachhaltig sein. Dies ist dann der Fall, wenn sie aus dem Net Investment Income (NII) bezahlt wird. Sollten die Investments im Fonds stark im Wert gestiegen sein, ist auch noch eine Finanzierung aus Kursgewinnen möglich. Da aber niemand die Kursgewinne vorhersagen kann, sollte der Fonds seine regelmäßigen Ausschüttungen nicht hauptsächlich darauf stützen.

Ein klares Warnsignal sind dagegen Ausschüttungen aus der Substanz, die als »Return of Capital« bezeichnet werden, sprich Rückzahlungen des investierten Kapitals. Diese Ausschüttungen haben keinen Nutzen für den Anleger. Fonds nutzen diesen Notnagel gerne in schlechten Zeiten, um ihre Ausschüttungen nicht kürzen zu müssen. Ein schlechtes Quartal lässt sich auf diese Weise überbrücken, langfristig nicht mehr funktionierende Strategien aber nicht. Je länger also aus der Substanz ausgeschüttet wird, desto wahrscheinlicher wird eine Kürzung der Ausschüttungen.

Generell kannst du also davon ausgehen, dass ein CEF attraktiv ist, wenn er möglichst mit einem Discount gegenüber dem NAV gehandelt wird und eine überdurchschnittlich hohe Ausschüttung leistet, die nachhaltig gezahlt werden kann. Wie gesagt: Die zur Analyse notwendigen Daten für fast alle CEFs findet man unter www.cefconnect.com.

Die regelmäßigen Ausschüttungen von CEFs sind nur ein wichtiger Faktor bei der Altersvorsorge. Wer von seinen Investment-Erträgen – das heißt Dividenden und Zinsen – leben möchte, ist außerdem auf möglichst hohe Ausschüttungen angewiesen.

Hier können CEFs einen fast magischen Vorteil ausspielen: Wo auf normalem Wege nur 5 bis 6 Prozent Rendite zu erwarten wären, können CEFs 8 bis 9 Prozent Rendite bieten. Was wie Finanz-Alchemie klingt, hat ganz einfache Gründe.

Wenn du einen CEF-Anteil für 90 Prozent des NAV kaufen kannst, profitierst du natürlich trotzdem von seinem Gesamtertrag, das heißt vom Net Investment Income (NII) auf 100 Prozent des Fondsvermögens. Wenn ein Fonds 5 Prozent Rendite auf seinen NAV erwirtschaftet, entspricht dies bei 100 Euro einem NII von 5 Euro. Wenn der Anleger an der Börse aber nur 90 Euro für 100 Euro Fondsvermögen bezahlt, steigt auch seine Rendite. 5 Euro NII bezogen auf 90 Euro investiertes Kapital entspricht nämlich schon einer Rendite von 5,56 Prozent.

Und damit nicht genug: Viele CEFs investieren nicht nur Eigenkapital in ihre Strategie, sondern nehmen zusätzlich Kredite auf. Das ist hier sogar ein Vorteil für Anleger und bedeutet kein unkalkulierbares Risiko. Denn per Gesetz dürfen CEFs nur beschränkt Kredite aufnehmen (maximal 50 Prozent vom Eigenkapital). Somit ist einer wilden Spekulation von vornherein ein Riegel vorgeschoben. Die meisten CEFs bleiben sogar unterhalb der gesetzlichen Möglichkeiten. Da CEFs als institutionelle Anleger in der Regel noch einmal deutlich günstiger Zugang zu Fremdkapital erhalten, lohnt sich der Kredit-Hebel für Privatanleger gleich in zweifacher Hinsicht.

Neben den bereits genannten Renditevorteilen gibt es noch einen weiteren Punkt, der CEFs so attraktiv macht. Für mich ist dieser Vorteil fast noch entscheidender. Mit CEFs können wir nämlich auch in Anlageklassen investieren, die sonst für uns Privatanleger nicht zugänglich wären.

Die Rede ist von Collateralized Loan Obligations (CLO), Senior Loans und High Yield Bonds. CLOs werden gerne mit CDOs (Collateralized Debt Obligations) verwechselt. Das hat ihnen – zu Unrecht! – einen zweifelhaften Ruf eingebracht.

CDOs waren nämlich die Finanzinstrumente, die 2008 die Finanzkrise und die Lehman-Pleite verursacht haben. Zumeist waren die verbrieften Verbindlichkeiten mit Immobilien von zweifelhaftem Wert besichert. CLOs sind dagegen einfach nur Pakete von besicherten Unternehmenskrediten. In dieser Form vergeben die Banken sie schon seit dem 19. Jahrhundert an Unternehmen.

Senior Loans sind eng verwandt mit CLOs. Es handelt sich hier ebenfalls um besicherte Unternehmenskredite. Im Unterschied zu CLOs hält der Anleger hier aber einzelne Unternehmenskredite und nicht ein Paket verschiedenster Kredite. Die Diversifikation ist hier etwas geringer, dafür sind die Transparenz und der Einfluss für den einzelnen Investment-Manager höher.

High Yield Bonds sind, wie der Name schon sagt, Hochzinsanleihen. Diese zu Unrecht als »Ramschanleihen« verschrienen Instrumente haben entweder ein Rating unterhalb von Investment Grade oder sie haben gar kein Rating. Als Investment Grade bezeichnet man Zinspapiere mit vergleichsweise geringer Ausfallwahrscheinlichkeit, in die beispielsweise Pensionsfonds oder Versicherer problemlos investieren dürfen.

Man sollte allerdings bedenken: Etwa zwei Drittel der großen börsennotierten Unternehmen haben kein Investment-Grade-Rating.

Mid- und Smallcaps haben aus Kostengründen häufig überhaupt kein Rating. Mit diesen Gedanken im Hinterkopf relativiert sich dein Bild von Hochzinsanleihen hoffentlich etwas.

Außerdem haben Hochzinsanleihen noch einen weiteren Vorteil: Im Vergleich zu Investment Grade Bonds haben sie zumeist nur eine Laufzeit von maximal fünf bis sieben Jahren. Damit ist der Einfluss von Zinsänderungen auf den Kurs einer Anleihe deutlich geringer als bei einer 30-jährigen Anleihe. Wenn du also nicht auf steigende oder fallende Zinsen spekulieren, sondern einfach deine feste Rendite realisieren möchtest, sind kürzer laufende Anleihen dafür besser geeignet.

CEFs bieten auch Zugang zu weiteren Anlageklassen, auf die wir als Privatanleger sonst häufig keinen Zugriff haben. So gibt es beispielsweise

- **Royalty-Fonds:** Diese Fonds besitzen Royalties auf ganz verschiedene Assets und profitieren prozentual von deren Umsatz. Im Pharmabereich kann dies zum Beispiel bedeuten: 5 Prozent vom Umsatz in Nordamerika mit Medikament X. Es gibt aber auch Royalty-Fonds für Musik oder Rohstoffe. Diese verdienen immer dann Geld, wenn z. B. ein bestimmter Song gestreamt oder eine Feinunze Gold verkauft wird.
- **Infrastruktur-Fonds:** Diese finanzieren Infrastrukturprojekte und erhalten dafür Zinszahlungen oder – in einigen Fällen – auch eine Umsatzbeteiligung. Je nach Ausrichtung kann es sich dabei beispielsweise um Solarparks, Mautstraßen oder auch Wasserwerke handeln. Hier rate ich dir zu einem Blick auf die Website des jeweiligen Fonds. Denn manche Fonds konzentrieren sich stark auf gewisse Sektoren oder Länder. Das muss nicht schlecht sein, aber im Rahmen deiner Diversifikation (im Detail kommen wir hierzu im nächsten Kapitel) solltest du diese Informationen kennen.
- **Total-Return-Fonds/Hedgefonds:** Diese legen nach eigenen Strategien an und sind dabei in der Regel nicht an bestimmte Anlageklassen gebunden. Da es hier mehr um die Erzielung von Kursgewinnen und weniger um regelmäßige Erträge geht, spielen diese

Fonds für einen Dividendensammler keine große Rolle. Davon abgesehen habe ich bisher auch noch keinen börsennotierten Hedgefonds gesehen, der nachhaltig erfolgreich wäre.

- **Länder- oder Sektorfonds:** Natürlich gibt es auch reine Aktienfonds, die für mich aber so gut wie keine Rolle spielen. Schließlich suchen wir uns unsere Dividendenaktien lieber selbst aus. In den Fonds finden wir dagegen meist nur die großen Titel, die üblichen Verdächtigen, die uns keine wirkliche Diversifikation bieten. In Ausnahmefällen greife ich aber doch auf Länder- oder Sektor-CEFs zurück, wenn es keinen gleichwertigen oder besseren ETF als Alternative gibt. So halte ich zum aktuellen Zeitpunkt zum Beispiel einen CEF für US-Versorgerwerte und einen weiteren für Öl- und Gasinfrastruktur (Terminals, Pipelines) in Nordamerika.

Mein Fazit: Vor allem für Anleger, die auf regelmäßige Zahlungen setzen, sind CEFs attraktiv. Selbst in stürmischen Börsenzeiten bieten gut gemanagte CEFs verlässliche und attraktive Ausschüttungen. Darüber hinaus ist die Wertentwicklung von Hochzinsanleihen, CLOs, Senior Loans oder aber auch Pharma Royalties weitestgehend von den Aktienmärkten abgekoppelt und sorgt auf diese Weise für eine gute Diversifikation im Depot.

Noch eine Anmerkung zum Schluss: Wie schon erwähnt, sind Closed End Funds nicht nur in den USA, sondern auch in Australien, Kanada und Großbritannien weitverbreitet. In Großbritannien und Kanada sind sie unter anderen Bezeichnungen, wie Investment Company oder Income Trust, zu finden. In Australien heißen die Fonds Listed Investment Trusts (LITs). Interessanterweise scheinen die Fonds außerhalb der USA nicht unter die Beschränkungen des KIID zu fallen und sind auch für Privatanleger handelbar. Eine gute Übersicht über hier verfügbare Fonds findest du unter www.theaic.co.uk (UK) und www.acbtracking.ca/fundstrusts (Kanada). Für Australien gibt es leider keine offizielle umfassende Quelle. Aber es gibt unter asx.com.au unter dem Menüpunkt »Listings« ein »Company Directory«, welches alle gehandelten Unternehmen und Trusts enthält. Wenn du hier beim Filter »Industries« »Non Applicable« auswählst, dann bekommst du eine Übersicht über alle an der ASX gehandelten Trusts.

REITs: Der schnellste Weg zum Immobilieninvestor

Immobilien sind eine der beliebtesten Anlageklassen. Das gilt ganz besonders in Deutschland, wo Aktien immer noch bei vielen als risikoreich verpönt sind. Immobilien sind allerdings wirklich eine attraktive Anlage für Privatanleger, aus einer ganzen Reihe von Gründen.

Bereits mit einem kleinen Einsatz kannst du aktiv werden und investieren. Darüber hinaus gibt es fast unbegrenzt viele Anlagemöglichkeiten – vor allem, wenn du in einem Ballungsraum lebst. Wenn du es geschickt anstellst, ist der Arbeitsaufwand bei drei oder fünf Immobilien nicht viel höher als bei einer. Du kannst mit diesem passiven Investment bei Erfolg und passenden Anlagemöglichkeiten also schnell skalieren.

Der wichtigste Grund ist aber ein anderer: Immobilienanlagen, insbesondere in Wohnungen und Apartments, sind kein kompliziertes Geschäft. Nahezu jeder Anleger, der sich ein wenig in diesen Sektor einarbeitet, kann erfolgreich mitmischen.

Wenn du einmal schaust, womit wohlhabende Menschen ihr Vermögen gemacht haben, dann spielen Immobilien sehr häufig eine große Rolle. Man muss eben kein Genie sein, um mit Immobilien Geld zu verdienen.

Der etwas einfachere Weg zum Immobilieninvestor führt über die Börse zu speziellen Immobilienaktien, sogenannten REITs (Real Estate Investment Trusts). Hier bist du mit einer einzigen Aktie bereits an einem gut gestreuten Immobilien-Portfolio beteiligt und musst dich nicht selbst um die Verwaltung der Immobilien kümmern. Wenn du dein Vermögen anderswo einsetzen willst, kannst du deine Anteile am jeweiligen REIT zudem jederzeit an der Börse verkaufen. Doch es hilft durchaus, wenn du Erfahrungen mit Immobilien hast. Die Brille eines Immobilieninvestors hilft dir nämlich auch bei der Auswahl deiner REIT-Investments.

Bevor ich dir gleich einen Weg verrate, wie du schnell und einfach mit dem Mindset eines klassischen Immobilieninvestors auch die Attraktivität eines REITs analysieren kannst, will ich dir erst einmal einen Überblick über das REIT-Universum verschaffen. Denn zwei REITs können so verschieden wie Tag und Nacht sein, auch wenn beide in Immobilien investieren.

Doch was ist überhaupt ein REIT? Die Abkürzung REIT steht, wie gesagt, für Real Estate Investment Trust. Es handelt sich also um nichts anderes als ein Investment-Vehikel für Immobilien. Von der Struktur her sind REITs mit den gerade schon besprochenen BDCs verwandt. Auch sie müssen einen hohen Teil ihres steuerbaren Einkommens an die Aktionäre ausschütten, was auch bei REITs zu überdurchschnittlich hohen Dividendenrenditen führt.

Dann aber hören die Gemeinsamkeiten schon auf: Denn REITs investieren in Immobilien. So verschieden die Immobilienarten sind, so unterschiedlich können auch die REITs sein. Das fängt schon bei den verschiedenen Kategorien an, auf die REITs sich konzentrieren können. So gibt es unter anderem REITs für Büroimmobilien, Industriegebäude, Appartements und sonstigen Wohnraum, Einkaufszentren, Hotels, Krankenhäuser und sonstige Immobilien der Gesundheitsbranche, Infrastrukturprojekte, Agrarflächen, Wald und Forst und Datenzentren. Natürlich gibt es auch breiter aufgestellte REITs, die mehrere Sektoren abdecken. Diese finde ich aber nicht so attraktiv, weil ich selbst auswählen möchte, in welche REIT-Sektoren ich investiere.

Auch in den einzelnen Sektoren kann es noch große Unterschiede geben. So können zum Beispiel REITs mit Fokus auf Wohnimmobilien sehr unterschiedliche Ausrichtungen haben: von Appartements in Ballungszentren bis hin zu Seniorenheimen. Die geografische Ausrichtung bildet eine zusätzliche Dimension bei der Risikostreuung.

Dann gibt es noch Spezialformen von REITs, die in keine der oben genannten Kategorien passen. Eine häufig anzutreffende Form sind die sogenannten »Net Lease« REITs. Hierbei wird ein Gebäude quasi im Rohzustand vermietet, und der Mieter muss auch sämtliche Kosten tragen, die normalerweise der Eigentümer übernimmt. Wenn der Mieter die Kosten für Grundsteuer, Versicherung und Unterhalt übernimmt, spricht man von einem »Triple Net Lease Agreement«.

Eine weitere beliebte Spezialform sind Mortgage REITs. Sie investieren nicht direkt in physische Immobilien. Stattdessen kaufen diese REITs mit Immobilien besicherte Hypothekenkredite auf und erwirtschaften ihr Einkommen mit den Zinsen aus diesen Krediten. Um hier eine für Anleger attraktive Rendite zu erzielen, sind diese REITs stark gehebelt. Das heißt, sie benutzen günstiges Fremdkapital, um damit höher verzinsliche Immobilienkredite zu kaufen. Wie du dir denken kannst, funktioniert dieses Spiel nur, wenn die Zinsen, die sie fürs Fremdkapital zahlen müssen, unterhalb der Zinsen liegen, die sie selbst erhalten. Mortgage REITs reagieren deshalb sehr sensibel auf Zinsentwicklungen und sind nur dann erfolgreich, wenn das Management eines Mortgage REITs die Zinsentwicklung halbwegs korrekt antizipiert. Für mich sind Mortgage REITs zu intransparent und damit kein Investment, welches ich mir beruhigt ins Depot legen würde.

Ich weiß, das war viel Wissen auf einmal. Deshalb fasse ich für dich noch einmal die wichtigsten Punkte zusammen.

Ich bevorzuge:

- spezialisierte REITs, um selbst zu bestimmen, in welche Sektoren ich investiere;
- REITs, welche direkt in Immobilien investieren;
- kleine und mittelgroße REITs, weil hier die meisten günstigen Chancen zu finden sind;
- konservativ finanzierte REITs mit einem gesunden Fremdkapitalhebel.

Ich vermeide:

- große und breit aufgestellte REITs, wo ich die Portfolioausrichtung nicht mehr selbst bestimmen kann;
- komplexe Mortgage REITs und anderweitig aggressiv finanzierte REITs mit einem zu großen Fremdkapitalhebel.

Nachdem wir geklärt haben, welche REIT-Formen es gibt und welche davon ich bevorzuge, schulde ich dir immer noch die wichtigste Antwort: Wie finde ich REITs, in die ich letztendlich investieren möchte?

Dafür setze ich wieder die Brille eines klassischen Immobilieninvestors auf. Ich verhalte mich also so, als würde ich nicht einen REIT, sondern eine einzelne Immobilie kaufen wollen, denn einzelne Mietobjekte sind relativ einfach zu analysieren. Es ist nicht schwer herauszufinden, für welchen Betrag ein bestimmtes Objekt vermietet werden kann. Davon müssen die planmäßigen Ausgaben – wie Hausgeld, Versicherungen, Rücklage – abgezogen werden, um die Nettomiete zu erhalten. Im Ergebnis hast du eine sehr genaue Vorstellung davon, wie hoch der operative Ertrag der Immobilie ausfallen wird.

Den Jahresertrag kannst du nun durch den Kaufpreis (zuzüglich sämtlicher Anschaffungskosten) teilen, und du erhältst die voraussichtliche jährliche Rendite für ein Objekt:

Rendite = jährliche Netto-Miete/Kaufpreis
(zzgl. Anschaffungskosten)

So schwer war das nicht, oder?

Liebäugelst du auch mit dem Gedanken, Immobilien zu erwerben? Du hast aber keine Lust, dich mit renitenten Mietern oder einem kaputten Wasserrohr herumzuschlagen? Genau so geht es mir inzwischen auch. Deswegen sind für mich REITs inzwischen die bessere Lösung – und für dich vielleicht auch. So wirst du indirekt zum Immobilieninvestor, ohne dich persönlich um das Management der Immobilien kümmern zu müssen.

Das klingt gut, nicht wahr? Und es wird noch besser: Sofern du nicht gleich mit einem exotischen Mietobjekt anfängst, sind REITs fast genauso einfach zu analysieren wie ein einzelnes Mietobjekt.

Ich weiß: Anleger neigen dazu, eine Aktie aus Respekt vor der Materie entweder gar nicht zu analysieren oder so detailliert, dass sie Tage damit verbringen. Ob die Fußnoten auf Seite 148 des Jahresberichtes allerdings noch einen Unterschied in der Bewertung machen, sei dahingestellt.

Wie du in der Einleitung schon gelesen hast, gehöre ich weder zur erst- noch zur letztgenannten Gruppe von Anlegern. Ich versuche es mir aber so einfach wie möglich zu machen. Und so habe ich die Analyse einer einzelnen Mietimmobilie einfach auf gesamte REITs übertragen.

Die gute Nachricht: Die meisten Rechnungen hat der Finanzvorstand eines jeden REITs schon in seinem Jahresbericht für dich zusammengetragen. Dort findest du die Zahl »Net Operating Income«, was nichts anderes ist als der Ertrag eines Immobilienportfolios nach Kosten der Vermietung. Alternativ kannst du auch nach Adjusted Funds from Operations (AFFO) Ausschau halten. AFFO ist letztendlich das um Auf- und Abwertungen des Immobilienbestands und Finanzierungskosten bereinigte Ergebnis. Wenn wir dieses Ergebnis kennen, ist der Rest einfach. Die ganze Formel lautet:

Rendite = Net Operating Income / Enterprise Value des REITs

(Anmerkung: Der Enterprise Value beziehungsweise Unternehmenswert ist die Marktkapitalisierung eines Unternehmens plus Verbindlichkeiten minus Cash.)

Mit dieser Rechnung kannst du in wenigen Minuten die aktuelle Rendite eines Immobilienportfolios ermitteln. Ich behaupte, dass diese Renditeberechnung die realistischste Variante darstellt. Natürlich könnten wir statt des Unternehmenswertes auch den Buchwert der Immobilien verwenden, der allerdings vom Unternehmen intern errechnet wird. Ich rechne lieber mit einem Wert, den der Markt einem Unternehmen aktuell zubilligt.

Natürlich kann ich REITs nicht nur nach einer Formel kaufen. Aber im ersten Schritt brauche ich nur fünf Minuten, um zu sehen, ob ein REIT überhaupt zu den potenziell günstigen Kandidaten gehört.

Damit meine REIT-Formel auch für dich funktioniert, solltest du aber noch ein paar weitere Faktoren berücksichtigen:

- Vergleiche nicht Äpfel mit Birnen: Du solltest nur Wohnimmobilien mit Wohnimmobilien vergleichen usw. Solltest du bei zwei ansonsten ähnlichen Portfolios große geografische Unterschiede feststellen, könnte auch das ein Grund für eine unterschiedliche Rendite sein.
- Hat ein REIT große Transaktionen im laufenden Geschäftsjahr getätigt, wird sich das auf den zukünftigen Ertrag auswirken und muss berücksichtigt werden. Wurde zum Beispiel im zweiten Quartal eines Geschäftsjahres ein großes Portfolio verkauft, so wird der Ertrag nun geringer ausfallen als noch im ersten Quartal. Hier kannst du also nicht einfach das Jahresergebnis des letzten Jahres fortschreiben.
- Ein Blick auf den Verschuldungsgrad ist Pflicht: Idealerweise werden Darlehen und Anleihen in regelmäßigen Abständen und gleichmäßiger Höhe fällig. Dann ist eine Refinanzierung am einfachsten möglich, und mittelfristige Zinsschwankungen spielen nur eine geringe Rolle. Manche REITs haben aber in den nächsten zwei bis drei Jahren einen sehr hohen Refinanzierungsbedarf. Solche REITs sind für mich nur dann Kaufkandidaten, wenn die Bewertung sehr attraktiv ist und alle weiteren Faktoren ebenfalls für einen Kauf sprechen. Ansonsten warte ich lieber ab, bis eine Refinanzierung erfolgreich abgeschlossen worden ist und damit die Zinskosten für die kommenden Jahre wieder gut prognostizierbar sind. In den Quartalsberichten und der jeweils aktuellen Investoren-Präsentation eines REITs findest du normalerweise Angaben zu den jährlich fälligen Verbindlichkeiten für die nächsten Jahre. Dieses Reporting über den Refinanzierungsbedarf ist eine Standardinformation, die jeden REIT-Investor interessiert und daher auch in den Präsentationen fast aller REITs enthalten ist.

Wenn du diese Vorschläge berücksichtigst, dann solltest du viele schlechte Kandidaten zuverlässig aussieben und allein dadurch deine Rendite schon deutlich steigern.

Fazit zum Thema Anlagebausteine

Jetzt hast du alle für mein Depot relevanten Anlageklassen kennengelernt. Wie du diese in deinem Dividendendepot verwendest, bleibt dir überlassen. Denk daran: Erfolgreich an der Börse bist du nur, wenn du ein Depot aufbaust, welches auch zu dir passt. Die Vor- und die Nachteile der einzelnen Anlageklassen habe ich dir beschrieben, sodass du die Bausteine nach deinen Wünschen einsetzen kannst.

Ich halte eine Aufteilung des Depots in mindestens zwei Sub-Depots – eines für Dividendenaktien und eines für Zinsen und ähnliche Einkommensströme – für sinnvoll. Denn diese beiden Einkommensarten können durchaus verschiedene Zyklen aufweisen, sodass eine separate Überwachung der Performance meiner Meinung nach geboten ist.

Ob man seine Immobilien-Aktien separat von den anderen Dividendenaktien halten sollte, darüber kann man geteilter Meinung sein. Ich denke, das hängt auch von der Größe der Depots und der Anzahl der Aktien ab, die man hält. Ich habe erst im Jahr 2024 angefangen, mir ein größeres REIT-Depot aufzubauen, und ich möchte genau sehen, wie meine REIT-Auswahl gegenüber den größten REIT-Fonds oder ETFs performt. Wenn es mir über drei bis fünf Jahre nicht gelingt, diese Fonds oder ETFs zu schlagen, kann ich mir die Arbeit auch sparen und auf einzelne Investments verzichten. (Spoiler: Aktuell sieht es »leider« ganz und gar nicht danach aus, dass ich auf Einzelinvestments verzichten sollte!)

Die Aufteilung in Sub-Depots kann dir wirklich dabei helfen, deine Performance in bestimmten Bereichen besser zu überwachen. Wie detailliert du deine Aufteilung vornimmst, ist aber deine persönliche Entscheidung. Es gibt hier kein Richtig oder Falsch.

So baust du in drei Schritten ein robustes Dividendendepot auf, das dir jeden Monat Geld einbringt

Wenn du neu an der Börse bist, brummt dir sicherlich nach den vielen neuen Informationen der Kopf. Doch auch als erfahrener Hase fragst du dich vielleicht, wie du die ganzen Assetklassen alle unter einen Hut bekommst und optimal kombinierst. Wichtig ist natürlich, dass du dein Risiko streust, indem du nicht alles auf eine Karte setzt. Denn selbst wenn eine Anlage noch so vielversprechend aussieht: Erfolg ist an der Börse nicht garantiert, und ein Investment kann jederzeit bis zu 100 Prozent an Wert verlieren!

Damit mich ein einzelner Verlust nicht zu sehr schmerzt, habe ich mein Depot nach verschiedenen Kriterien diversifiziert. Meine Diversifikationsstrategie hat auch schon einen erfolgreichen Praxistest bestanden: Obwohl mit dem Beginn von Russlands Krieg in der Ukraine russische Aktien nahezu wertlos wurden, führte dieser Verlust nur kurzfristig zu einer Delle in meinem Depot. Inzwischen hat das Dividendendepot neue Höchstwerte erreicht, sowohl beim Depotwert als auch – und das ist viel wichtiger – beim monatlichen Cashflow.

Auch wenn du die ganzen Assetklassen, die Risikostreuung und das regelmäßige Monitoring berücksichtigst, sind es am Ende des Tages doch immer wieder dieselben drei Schritte vom Depotaufbau bis hin zum täglichen Management. Diese drei Schritte gehen wir jetzt gemeinsam durch – dann kannst auch du zur Tat schreiten.

Schritt 1: Strategische Aufteilung: Dividende oder Zinsen? – Du entscheidest!

Wie teile ich mein Depot auf? Bevor ich die Gewichtung einzelner Titel entscheide, habe ich eine andere Entscheidung schon getroffen.

Nämlich, wie ich mein Depotvermögen zwischen Dividendenaktien und REITs einerseits sowie Fixed-Income-Investments (Anleihen, Baby Bonds, Senior Loan CEFs, BDCs usw.) andererseits aufteilen möchte. In meinem Depot liegt diese Aufteilung in etwa bei 75 Prozent (Dividendenaktien und REITs) und 25 Prozent (Fixed-Income-Investments).

Die Übergewichtung der Dividendenaktien ist darin begründet, dass ich eine Rendite von 10 Prozent p. a. anstrebe, die allein mit Fixed-Income-Investments nicht realistisch erreichbar ist, ohne allzu große Risiken einzugehen. 25 Prozent Fixed-Income-Investments mische ich aber dennoch bei, um bei den jährlichen Cashflows eine gewisse Verlässlichkeit zu gewährleisten.

Jetzt, in Zeiten höher Zinsen, könntest du vermutlich die gewünschten 10 Prozent p. a. mit noch einem größeren Anteil an Fixed-Income-Investments erreichen und damit noch mehr Planbarkeit in deine Cashflows bringen. Ich belasse die Anteile allerdings unverändert. Was sich in einem Jahrzehnt mit Niedrigzinsen bewährt hat, das dürfte bei höheren Zinsen umso besser funktionieren.

Damit du deinen individuell optimalen Mix bestimmen kannst, liste ich dir hier die wesentlichen Charakteristiken beider Anlagearten auf.

Dividendenaktien:

- Chance auf zusätzliche Kursgewinne neben den Dividendeneinnahmen
- Teilhabe am erfolgreichen Unternehmenswachstum über kontinuierlich steigende Dividenden
- Aktien als verbrieftes Eigentum an einem Unternehmen und seinen Assets, somit besserer Inflationsschutz als bei Anleihen
- keine Garantie auf Dividendenzahlungen
- im Krisenfall schlechtere Stellung der Aktionäre im Vergleich zu (Anleihe-)Gläubigern

Fixed-Income-Investments:

- mehr Sicherheit durch bessere Stellung als Aktionär; im Falle von Senior Loans sogar Besicherung der Kredite mit Vermögenswerten des Gläubigers
- planbare, vertraglich zugesicherte Zahlungen
- im Regelfall kein oder nur geringer Inflationsschutz
- keine Teilhabe am Unternehmenswachstum

Meine persönliche Faustregel-Empfehlung für dich: Je jünger du bist, desto höher würde ich den Anteil an Dividendenaktien gewichten. So profitierst du nicht nur besonders davon, mit deinen Dividendenerträgen eine Position immer weiter aufzubauen, sondern vom im Zeitverlauf wachsenden Dividendenertrag je Aktie.

Bei Anleihen und Baby Bonds ist das Wachstumspotenzial beschränkt. Zudem wirst du auch durch das Laufzeitende einer Anleihe oder dem Einzug (Call) einer Vorzugsaktie immer wieder vor die Aufgabe gestellt, dein Fixed-Income-Kapital komplett neu zu investieren. Du kannst also jederzeit auch später einen Teil deines Kapitals in Richtung Fixed-Income-Investments umschichten und die gleiche Rendite erzielen. Wenn du aber gleich zu Beginn deiner Börsenkarriere auf die richtigen Dividendenbausteine setzt, kann das später für dich ganz allein den Unterschied zwischen »nur wohlhabend« und »richtig reich« machen.

Schritt 2: Taktische Aufteilung: Halte wirtschaftliche und politische Risiken in Schach

Als auf Cashflows konzentrierter Anleger habe ich die Erfahrung gemacht, dass ich immer wieder mit einem sehr großen Anteil an Investments in US-Dollar dastehe. Das liegt vermutlich an der deutlich größeren Nachfrage nach Income Investments in den USA. Denn US-Anleger haben das Glück, selbst für ihre Altersvorsorge vorsorgen zu dürfen und dabei auch noch steuerlich begünstigt zu werden. In Deutschland hat leider die Versicherungslobby mit ihren altbackenen Rentensparplänen immer noch einen zu großen Einfluss auf den politischen Entscheidungsprozess. Aber das ist ein anderes Thema.

Jedenfalls stehe ich als Bewohner des Euro-Raums vor dem Problem, dass meine ganzen Ausgaben in Euro erfolgen, meine Einnahmen aber hauptsächlich in US-Dollar generiert werden. Wenn also der Dollar um 10 Prozent gegenüber dem Euro fällt, so verringert sich mein Einnahmestrom in Euro um 10 Prozent. Als ich eines Tages über 80 Prozent meiner Einnahmen in US-Dollar erzielte, reifte in mir der Entschluss, mich breiter aufstellen zu wollen.

Spoiler: Leider habe ich das nicht so konsequent gemacht, wie ich es eigentlich vorhatte. Und natürlich folgte im April 2024 mit dem Zollzoff von Donald Trump die Strafe auf dem Fuß. Als der US-Dollar in wenigen Tagen einen beispiellosen Schwächeanfall erlitt, schrumpfte mein jährlicher Cashflow in Euro in wenigen Tagen um fast 5 Prozent. Das hört sich jetzt nicht nach viel an, und inzwischen ist der Schaden teilweise repariert. Aber in besagtem Moment ist mir tatsächlich ein sehr gutes deutsches Monatsgehalt an Dividenden weggebrochen. Ich habe mir noch im April 2025 geschworen, das Thema Wechselkurse nie wieder auf die lange Bank zu schieben.

Doch wie stellst du dein Depot am besten auf, damit es immun gegen Wechselkursschwankungen ist?

Wie vermutlich jeder andere Anleger auch habe ich eine persönliche Meinung dazu, wie sich die verschiedenen großen Wirtschafts- und Währungsräume entwickeln könnten. Und so war es für mich anfangs ein logischer Schritt, aus diesen Überlegungen Prognosen für die verschiedenen Währungen abzuleiten.

Rückblickend muss ich sagen: Lieber sage ich nächstes Mal voraus, an welcher Stelle die Dartpfeile, die ein Affe wirft, die Scheibe treffen, als Währungskurse zu prognostizieren!

Nicht umsonst gilt der Handel mit Währungen als Königsdisziplin des Tradings. Selbst wenn ich mit meinen Überlegungen zu makroökonomischen Entwicklungen recht behalten sollte, bedeutet dies noch lange nicht, dass sich diese Entwicklungen auch zeitgleich in den Währungskursen widerspiegeln würden.

Mein heutiger, realistischerer Ansatz lautet daher: Ich versuche mir ein möglichst breit gestreutes Portfolio über eine Vielzahl von Wirtschafts- und Währungsräumen aufzubauen. Auch nach meinem persönlichen Zoll-Zoff-Erlebnis ist allerdings der US-Dollar die dominierende Währung in meinem Depot.

In meinem Aktien- und REIT-Depot bin ich mit einem höheren Dollar-Anteil im Depot einverstanden, auch wenn ich im Euro-Raum lebe. Denn auf lange Sicht sind Währungsschwankungen für die Rendite von Aktien nur ein untergeordneter Faktor: Wenn der US-Dollar schwächelt, bringt dies für US-Unternehmen Preisvorteile beim Export, und sie können höhere Gewinne erzielen. Gleichzeitig gibt es für deine in Euro notierten EU-Aktien möglicherweise einen gegenteiligen Effekt.

Diese zwei Beispiele zeigen schon: Mach dir für dein Aktien- und REIT-Depot nicht übermäßig große Gedanken über die Wechselkurse. Der genaue Effekt ist sowieso unmöglich zu bestimmen. Und die sich gegenseitig ausgleichenden Wechselwirkungen sind effektiver, als du denkst!

Ganz anders kann der Einfluss von Wechselkursen hingegen auf ein Anleihen- und Zinsdepot wirken. Hier habe ich tatsächlich im April 2025 auch den größten Schlag ins Depot hinnehmen müssen. Denn Zinszahlungen wachsen, anders als Dividenden, nicht im Zeitverlauf an. Inflation oder veränderte wirtschaftliche Rahmenbedingungen (z. B. aufgrund veränderter Wechselkurse) haben keinen Einfluss auf die Höhe des Kupons. Dieser bleibt immer gleich.

Außerdem ist die erwartete Rendite niedriger als im Aktiendepot, sodass 2 bis 3 Prozent Wechselkursveränderungen zu deinen Ungunsten das Fixed-Income-Ergebnis für einige Jahre verhageln können. Deswegen bin ich dazu übergegangen, meine Zinsanlagen in US-Dollar nahezu vollständig abzusichern.

Wenn es dich interessiert, wie ich dies mache, dann ist der folgende, etwas komplexe Exkurs für dich interessant. Als Einsteiger musst du dich damit aber noch nicht beschäftigen.

Exkurs: So sichere ich mein US-Dollar-Währungsrisiko in Euro ab

Um dein bestehendes Risiko abzusichern, musst du zunächst einmal die Summe kennen, die es abzusichern gilt. Wenn du also in einem Depot 100.000 Euro und 100.000 US-Dollar in Anleihen hältst, dann wäre dieses Depot bei einem fiktiven Wechselkurs von 1:1 währungsneutral. Wenn du allerdings 200.000 US-Dollar und 100.000 Euro in deinem Depot hältst, beträgt der Überhang 100.000 US-Dollar, die es abzusichern gilt.

Ich verwende dafür EUR/USD-Futures, wie sie an den US-Börsen gehandelt werden. Der Standard-Future umfasst einen Gegenwert von 125.000 EUR. Es gibt aber auch Mini- und Micro-Futures mit einem Gegenwert von 62.500 Euro (Mini) beziehungsweise 12.500 Euro (Micro), sodass du dein tatsächliches Risiko mit einer Kombination sehr gut abbilden kannst.

Da die Futures jedes Quartal auslaufen, musst du alle drei Monate zum nächsthöheren Future wechseln, ein Vorgang, der sich »Rollen« nennt. Dadurch können Rollkosten entstehen, wenn für die Zukunft ein schwächerer Dollar erwartet wird. Dann hat der nächste Future einen höheren Preis als der aktuelle. Aktuell, da ich dieses Buch schreibe, läuft der Juni-Future auf EUR/USD aus. Der September-Future ist rund 1 Cent teurer als der Juni-Future.

Um diese Rollkosten abzufangen, verkaufe ich manchmal Call-Optionen auf den neuen Future. Wenn ich den September-Future zu einem EUR/USD-Kurs von 1,15 kaufe, dann könnte ich zum Beispiel eine Call-Option auf diesen September-Future bei 1,20 verkaufen. Damit bin ich dann zwar nur bis zu einem Kursanstieg von 1,20 EUR/USD abgesichert, aber für drei Monate in die Zukunft ist diese Spannweite normalerweise ausreichend. Die Optionsprämie für die verkauften Optionen mindert meinen Verlust aus den Rollkosten.

Zerbrich dir aber gerade am Anfang nicht zu sehr den Kopf über Währungsrisiken. Erst mit einem Depot, das solide im sechsstelligen Bereich liegt (ich würde sagen ab 250.000 Euro), kannst du langsam anfangen, dich ein wenig mit dem Thema Währungsrisiko zu beschäftigen.

Geopolitische Risiken sind wieder real

Mindestens genauso relevant sind für dein Depot aber auch geopolitische Risiken. Spätestens seitdem russische Aktien sanktioniert sind, von denen es viele dividendenstarke Titel gab, wird kein Anleger mehr die Relevanz dieser Risiken leugnen.

Ein Aktienmarkt, der aus meiner Sicht ein überdurchschnittlich hohes geopolitisches Risiko aufweist, ist Hongkong. Sollte es irgendwann einmal zu einem größeren Konflikt zwischen den USA und China kommen, kann das sehr schnell zu Sanktionen für die Hongkong Stock Exchange führen. Das ist sehr schade, da viele der dort notierten Aktien sehr attraktive Bewertungen aufweisen.

Wollte ich also einen größeren Anteil chinesischer Aktien (via Hongkong) in mein Depot aufnehmen, so würde ich dies nur über einen asiatischen Broker tun. Hier ist die Wahrscheinlichkeit geringer, dass mir aufgrund von Sanktionen der Zugriff auf meine Wertpapiere nicht mehr möglich ist. Solange ich dieses Depot aber nicht besitze, werde ich chinesische Aktien nur zu einem geringeren Anteil halten.

Diversifikation aus dem Euro-Raum und den USA heraus ist aber trotzdem möglich: Australien, Brasilien, Israel, Japan, Kanada, Mexiko, Singapur, Südkorea, Polen gehören beispielsweise zu den Ländern mit eigenen Währungen, in denen sich attraktive Dividendentitel finden lassen. An Börsen in all diesen Ländern kannst du heute über gute Onlinebroker direkt und günstig handeln.

Bei Anleihen und sonstigen verzinslichen Produkten ist diese weite Streuung nicht so einfach möglich, sodass mein Fixed-Income-Portfolio von Natur aus stark in US-Dollar und auch Euro notiert ist. Diese starke Konzentration versuche ich im Dividendendepot teilweise wieder auszugleichen.

Am Ende des Tages gilt aber: Mach dich nicht verrückt, sondern versuche einfach eine möglichst breite Streuung über verschiedene Währungen und Länder zu erreichen. Verzichte dabei aber nie auf ein lukratives Investment, nur weil du in einem Währungsraum schon stark investiert bist.

Wie viel Risiko pro Position ist gesund?

Wenn du deine Aufteilung zwischen Aktien und Fixed-Income-Investments ungefähr festgelegt hast und deine erste Aktie kaufen möchtest, stellt sich unmittelbar die Frage: Wie viel darf es denn sein? Ganz offensichtlich ist eine zu hohe Gewichtung einer einzelnen Aktie genauso unsinnig wie eine zu geringe Gewichtung.

Meine persönliche Herausforderung als doch sehr risikoaverser Anleger bestand darin, mit steigender Depotgröße auch das Mindest-Investment pro Position zu erhöhen. Mein Idealportfolio würde heute aus insgesamt 50 Titeln mit jeweils 2 Prozent Gewichtung bestehen. Bei diesem Idealportfolio komme ich aber nie an, und das ist auch nicht schlimm. Warum das so ist, wirst du gleich verstehen.

Für die Entscheidung, dass es 50 Titel mit jeweils 2 Prozent Gewichtung sein sollen, gibt es keine wissenschaftliche Begründung. Bei diesen Zahlen bin ich durch Probieren und Überlegen angekommen. Wie ich schon betont habe, möchte ich eine entspannte, relaxte Anlagestrategie verfolgen, bei der ich nicht jeden Tag meine Aktienkurse im Auge behalten muss. Aktientitel, die ich höher gewichte, muss ich allerdings deutlich genauer beobachten.

Bei 2 Prozent reicht es dagegen aus, wenn ich mich auf einige wesentliche Kriterien beschränke, die für eine dauerhafte und nachhaltige Zahlung meiner Dividenden ausschlaggebend sind. Denn bedenke: Da wir immer eine großzügige Dividende bekommen wollen, können wir logischerweise nur in profitable Unternehmen investieren. Das senkt unser Risiko schon einmal gleich ungemein. Nicht von ungefähr sind profitable Unternehmen an der Börse, wo es um die Beschaffung von Kapital geht, deutlich in der Minderheit.

Allerdings ist meine Recherche immer ein Kompromiss zwischen Gründlichkeit und Aufwand. Ich versuche gemäß des Pareto-Prinzips mit 20 Prozent des Aufwands 80 Prozent meines Urteils zu bilden. Da dieses Bild nicht komplett ist, besteht das Restrisiko, ein falsches Urteil zu fällen (ein Restrisiko für ein unprofitables Investment besteht allerdings leider auch bei der gründlichsten Recherche!). Dieses Restrisiko nehme ich jedoch bewusst für die deutliche Zeitersparnis in Kauf, weil ich selbst einen doch sehr unwahrscheinlichen Totalverlust bei 2 Prozent Depotgewichtung verkraften kann.

Bei einem neuen Investment kaufe ich aber in der Regel nicht sofort eine volle Position. Allerdings sollte es schon mindestens 1 Prozent vom Depotvermögen sein, damit die Anzahl an Einzelpositionen nicht ausufert. Bei Investmentfonds wähle ich eine höhere Gewichtung. Da Fonds in sich schon diversifiziert sind, kann eine volle Position ruhig mit einem Anteil bis zu 5 Prozent aufgebaut werden, abhängig von der Portfolio-Konzentration des Fonds.

Ob es jemals zu einer vollen Position kommt, entscheidet sich dann im weiteren Verlauf, wenn es heißt: Halten, kaufen oder verkaufen?

Schritt 3: Regelmäßige Anpassungen – halten, kaufen oder verkaufen?

Auch wenn es für dich vielleicht erst unrealistisch klingt: 50 pflegeleichte Positionen kannst du gut im Auge behalten. Ich habe einen News-Alert für alle in meinem Depot vorhandenen Wertpapiere eingerichtet, den ich im Regelfall einmal am Tag überfliege. Das ist aber auch kein Muss. In den meisten Fällen besitzen die Unternehmensnachrichten zwischen den Veröffentlichungen der Geschäftszahlen nur selten unmittelbar Auswirkungen auf die Dividendenzahlungen der betreffenden Unternehmen. Zinsen müssen sowieso gezahlt werden, solange ein Unternehmen nicht insolvent ist.

Spannend sind für mich also hauptsächlich die quartalsweise erscheinenden Geschäftszahlen. Wenn es gut läuft, muss ich also jede Position nur einmal im Quartal genauer betrachten. Aber auch hier liegt die Würze in der Kürze: Das Geschäftsmodell habe ich schon beim Erstkauf studiert und für gut befunden – sonst hätte ich die Aktie ja nicht gekauft.

Ich schaue deswegen hauptsächlich auf die nackten Zahlen und dabei auf wenige wichtige Kennzahlen. Solltest du die nun folgenden Fachbegriffe noch nicht kennen, dann kannst du diese problemlos googeln und dort bessere Erläuterungen finden, als ich sie hier in einem kurzen Exkurs bieten könnte. Ich achte also auf:

1. **Gewinn- und Verlustrechnung:** Wie haben sich Umsatz, operativer Ertrag beziehungsweise operative Gewinnspanne und EBITDA, im Vergleich zum Vorjahresquartal und zum Vorquartal entwickelt? Ein Rückgang muss nicht gleich etwas Schlechtes bedeuten; viele Unternehmen haben ein sehr saisonales Geschäft mit starken und schwachen Quartalen. Wenn Umsatz und Profitabilität des Unternehmens konstant bleiben oder sich zum Positiven entwickeln, habe ich genug gesehen.
2. **Cashflow-Rechnung:** Wie haben sich operativer und freier Cashflow im Vergleich zum Vorjahr entwickelt? Daran lässt sich sehr gut erkennen, ob ein Unternehmen große, außerplanmäßige Abschreibungen oder hohe Investitionen vornehmen musste. Vielleicht hat sich das Unternehmen auch stark verschuldet und muss nun höhere Zinsen pro Quartal zahlen? Idealerweise ist der freie Cashflow (vor Dividendenausschüttungen und Aktienrückkäufen) deutlich größer als die ausgeschüttete Dividende. Ist das nicht der Fall, schüttet das Unternehmen seine Dividende teilweise aus der Substanz aus, was ich nicht gutheiße.
3. **Payout-Ratio:** Diese Kennzahl beschreibt das Verhältnis von Ausschüttung zu Ertrag nach Steuern. Diese Kennzahl sollte komfortabel unter 100 Prozent liegen und somit mein Urteil aus der Überprüfung der Cashflow-Rechnung bestätigen.
4. **Bilanz:** Diese ist beim quartalsweisen Review für mich nicht so wichtig. Die wichtigsten Fragen konnte ich mir schon vorher beantworten. Gerade wenn die Ausschüttungsquote mal besonders hoch ist, gucke ich aber gerne noch einmal in die Bilanz. Vielleicht besitzt das Unternehmen große, unproduktive Cash-Reserven, die an die Aktionäre zurückgegeben wurden? Dann wäre eine vorübergehende Ausschüttungsquote von über 100 Prozent auch kein Grund zur Sorge.

Bei Fonds bleibt mir die Überprüfung all dieser Parameter erspart. Hier schaue ich nur, ob die Ausschüttung aus dem Net Investment Income NII (siehe Abschnitt zu CEFs) gezahlt wurde (gut) oder ob sie zumindest teilweise aus der Substanz bestritten wurde (nicht gut). Leider neigen Fonds im Wettstreit um die höchste Ausschüttungsrendite dazu, auch mal aus der Substanz auszuschütten. Das ist nicht weiter schlimm, wenn du diesen steuerfreien Return of Capital wieder in neue Anteile investierst. Du musst dir eben nur dessen bewusst sein, dass bei 10 Prozent Ausschüttungsrendite und einer nur zu 80 Prozent aus dem NII gedeckten Zahlung die effektive Rendite für dich nur 8 Prozent p. a. beträgt.

Wenn du diese Informationen in deinem quartalsweisen Review gesammelt hast, gibt es drei Optionen:

1. **Nichts tun:** Das wird voraussichtlich die am häufigsten gewählte Option sein.
2. **Zukaufen:** Diese Option kommt dann infrage, wenn die Gewichtung deiner Position unter 2 Prozent liegt und die Ausschüttungsrendite bei weiterhin ungefährdeten Zahlungen überdurchschnittlich lukrativ ist. Trifft dies auf mehrere Positionen gleichzeitig zu, kaufst du dort zu, wo die Rendite am höchsten ist. Hier musst du nur aufpassen, dass du nicht ausgerechnet die Verlierer nachkaufst. Die Verkündung eines Dividendenschnitts erfolgt meistens erst, wenn er absolut unvermeidbar ist. Wenn wir aber die Quartalszahlen wie oben beschrieben analysieren, können wir einen solchen Schnitt schon lange vorher erahnen. Bei den Datenanbietern ist aber noch die alte Dividende hinterlegt, was dann zu einer künstlich hohen Ausschüttungsrendite führt, die aber durch die wirkliche Höhe der Auszahlungen wahrscheinlich gar nicht mehr erreicht wird.

   Hat ein Kursrückgang (und damit eine höhere Rendite) hingegen keine fundamentalen Gründe, dann tritt einer der wesentlichen Vorteile meiner Dividendenstrategie ein: Du freust dich über die höhere Rendite und vergrößerst deine Position durch einen weiteren Zukauf. Mit meiner Strategie bist du dann einer von ganz wenigen Anlegern, die sich über Kursrückgänge freuen können und deswegen nicht in Panik geraten, sondern genau wissen, was zu tun ist. Anmerkung: Diese Nachkäufe zum richtigen Zeitpunkt sind ein essenzieller Bestandteil meiner Dividendenfabrik. Sie sind so wichtig, dass ich diesem Thema ein eigenes Kapitel (»Renditebonus: Clever nachkaufen«) gewidmet habe.

3. **Verkaufen:** Diese Option kommt dann infrage, wenn die Ausschüttungsrendite eines deiner Investments deutlich und nachhaltig (also nicht nur für zwei Wochen) unter die von dir gewählte Mindestrendite gefallen ist. Der Anlass für die gesunkene Dividendenrendite kann positiv oder negativ sein:
   a. Wenn der Kurs stark zugelegt hat, ist die Rendite bei gleicher Ausschüttung gesunken. Wenn du das dort investierte Kapital jetzt in ein anderes Unternehmen, einen anderen Fonds oder eine andere Anleihe mit höherer Rendite investierst, kannst du deinen gesamten Cashflow aus Zinsen und Dividenden steigern. Und das sollte dein wichtigstes Ziel sein, nicht die momentanen Aktienkurse.
   b. Wenn die Dividende allerdings gekürzt wurde, ist der Renditerückgang natürlich negativ zu bewerten. Die Wahrscheinlichkeit ist hoch, dass du auch in diesem Fall eine Alternative mit höherer Rendite für dein eingesetztes Kapital kennst. Auch in diesem Fall solltest du dann die Position verkaufen und umschichten.

Es gibt noch einen weiteren Fall, in dem zumindest ein Teilverkauf ratsam ist. Das ist dann der Fall, wenn eine Position so im Wert zugelegt hat, dass sie trotz einer hohen Dividendenrendite reduziert werden muss, um die Gewichtung wieder zu verkleinern. Damit fange ich aber nicht konsequent bei über 2 Prozent Gewichtung an, weil ich mich damit schwertue, die Highflyer in meinem Depot zu verkaufen. Wenn allerdings eine Gewichtung von 5 Prozent erreicht wird, reduziere ich die Position tatsächlich wieder auf 3 bis 4 Prozent. So kann ich weiter von dem Erfolg des entsprechenden

Unternehmens profitieren, verliere aber trotzdem das Thema Risikostreuung nicht aus den Augen.

Auf diesem Wege solltest du Schritt für Schritt zu einem gut investierten Portfolio mit reichhaltigen Cashflows aus Dividenden und Zinsen kommen. Du wirst mir sicherlich zustimmen, dass es sehr unwahrscheinlich ist, dass du im Laufe der Zeit irgendwann einmal bei 50 Positionen mit je 2 Prozent Gewichtung ankommst. Zu viel passiert in der Zwischenzeit: Kurse steigen oder fallen, und Dividenden werden gekürzt oder angehoben. Wenn du aber auch in ein paar Fonds investierst, die du ja höher gewichten darfst, solltest du dennoch niemals mehr als ungefähr 65 Positionen halten. Das klingt für dich vielleicht immer noch nach viel, aber mit der oben beschriebenen Betreuung ist es das nicht. Ob du es glaubst oder nicht: Ich brauche eigentlich nicht mehr als 15 Minuten pro Quartal und Depot-Position.

Eine abschließende Ergänzung noch zu Anleihen, Baby Bonds oder Preferred Shares: Hier kommt es naturgemäß nicht vor, dass die regelmäßigen Zinszahlungen sinken oder steigen. Es gibt zwar einige Preferred Shares, deren Zinsniveau alle fünf Jahre angepasst wird, doch diesen Fall ignorieren wir jetzt mal. Aber auch hier können Kurse steigen beziehungsweise fallen, wenngleich die Schwankungen geringer ausfallen. Wenn du höherverzinsliche Alternativen von vergleichbarer Bonität kennst, dann kann auch hier ein Tausch sinnvoll sein.

In die Quartalsberichte der Unternehmen, deren Gläubiger du bist, solltest du aber dennoch hineinschauen. Du kannst es dir hier aber noch einfacher machen und nur den Verschuldungsgrad und die Debt/EBITDA-Ratio im Blick behalten. Sollten sich diese Zahlen sukzessive verschlechtern, kannst du über eine Umschichtung der Positionen nachdenken.

Exkurs: To DRIP or not to DRIP?

Eine wichtige und offene Frage ist noch, wie denn die hereinkommenden Dividenden und Zinsen reinvestiert werden sollen. Alternativ zum manuellen Nachkauf gibt es für einige Aktien und für die meisten REITs sowie CEFs automatische Dividenden-Wiederanlage-Pläne (Dividend Reinvestment Programs, abgekürzt DRIP). Statt einer Cash-Dividende erhältst du hier, nach Abzug der Quellensteuer, deine Dividende in Form von Aktien des ausschüttenden Unternehmens oder Fonds.

Auf den ersten Blick erscheint die Teilnahme an einem solchen DRIP-Programm sinnvoll und auch bequem. Nach meinen persönlichen Erfahrungen und Überlegungen habe ich mich inzwischen aber dagegen entschieden, an solchen DRIP-Programmen teilzunehmen. Warum?

Ein erster Grund, den ich auch erst im Laufe der Zeit kennengelernt habe, ist ganz praktischer Natur. Wenn die Dividende in Aktien umgerechnet wird, kommt dabei im Normalfall eine krumme Zahl heraus. Hattest du vorher zum Beispiel 10.000 Aktien, so sind es nun 10.287 Aktien. An vielen Börsen ist das egal, weil man dort sogar einzelne Aktien handeln kann. An einigen asiatischen Börsen werden aber nur sogenannte »Board Lots« gehandelt. Diese Lots können, je nach Börse, in 10er-, 100er- oder 1.000er-Schritten gemessen werden.

Wenn ich nun also meine 10.287 Aktien verkaufen möchte, dann kann ich im Worst Case nur 10.000 oder 10.200 Aktien problemlos verkaufen und bleibe auf 287 beziehungsweise auf 87 Aktien sitzen. Den Rest kann ich bei meinem Broker zwar auch loswerden, aber nur im asiatischen Telefonhandel, der erstens teuer ist und zweitens aufgrund der Zeitverschiebung nur nachts und frühmorgens stattfindet. In der Realität will ich mich mit solchen Problemen nicht auseinandersetzen. Und so kommt es, dass ich von einigen Unternehmen, an deren DRIP-Programmen ich teilgenommen habe, immer noch minimale Restbestände halte. Mein Friedhof der DRIP-Aktien sozusagen.

Zweitens möchte ich die Entscheidungsfreiheit über meine Reinvestitionen nicht aufgeben. Würde ich nur wenige CEFs oder ETFs halten, so wäre hier eine automatische Reinvestition vielleicht sogar eine smarte Sache. Wie du weißt, halte ich aber immer rund 50 bis 75 Einzeltitel im Dividendendepot. Die Wahrscheinlichkeit, dass ich den gerade frisch erhaltenen Cashflow woanders zu besseren Konditionen reinvestieren kann, ist also hoch. Je konsequenter ich heute meine Zahlungsströme optimiere, natürlich unter Berücksichtigung von gewissen Risiko-Limits, desto deutlicher zahlt sich dies für mich in den Folgejahren aus.

Für mich kommt eine Teilnahme an DRIP-Programmen daher nicht mehr infrage. Wie du aber aus meinen Worten sicherlich herausgelesen hast, bin ich nicht kategorisch gegen eine Teilnahme. Solltest du daran teilnehmen wollen, kannst du dies bei den meisten Brokern entweder individuell bei jeder Dividendenausschüttung entscheiden oder einmal als Standard für alle Dividendenzahlungen einstellen lassen.

Zusammenfassung: Schritt 1 bis Schritt 3 – und wann du sie gehen musst

Wie du siehst, ist es mit dem Wissen aus meinem Buch für dich selbst als Anfänger nicht sehr schwer, dein eigenes Depot aufzusetzen. Halte dich einfach systematisch an die drei vorgestellten Schritte und fange nicht mit dem dritten Schritt an, weil du eine Aktie ganz toll findest und sofort kaufen möchtest.

Für Schritt 1 kannst du dir ruhig etwas Zeit nehmen, weil du hier eine Entscheidung von strategischer Reichweite triffst. Es gibt hier kein Richtig oder Falsch. Guck dir noch mal genau die Vor- und Nachteile von Dividenden versus Fixed-Income-Investments an und nimm die Gewichtung dann vor, wie du sie für richtig hältst.

Wichtig ist, dass du diese Entscheidung so triffst, dass du sie idealerweise für mehrere Jahre durchhalten kannst und nicht morgen wieder revidieren musst. Das Ziel sollte sein, dass du zwar routinemäßig immer mal wieder zu Schritt 1 zurückkehrst, um zu überprüfen, wie zeitgemäß deine Gewichtung angesichts deiner aktuellen Vorstellungen und Ziele ist, aber im Regelfall nichts ändern musst. Ich habe es mir zur Gewohnheit gemacht, in meinem Depot einmal zum Jahresbeginn die Gewichtung zwischen Fixed-Income-Investments und Dividenden zu überprüfen, und bin damit bisher gut gefahren.

Schritt 2, also die taktische Aufteilung nach Regionen und Branchen, bedarf einer etwas häufigeren Wiederholung. Wenn du dein Depot wie ich etwas aktiver managst und auch immer wieder mal über Schiffs- oder Öl-Aktien nachdenkst, dann wiederholst du diesen Schritt sogar noch etwas häufiger.

In Schritt 2 geht es aber nicht immer gleich darum, einzelne Bestandteile deines Depots komplett umzuschichten. Vielmehr geht es auch darum, eine Vorstellung für das Reinvestieren von Dividenden zu entwickeln, sprich zu entscheiden, in welche Bereiche (in welche Einzelwerte wäre eine Entscheidung in Schritt 3) bevorzugt investiert werden sollte. Heute, also im 4. Quartal 2025, sind zum Beispiel Pharma- und Energie-Werte – beides potenzielle Dividendenbringer – schon länger eher unbeliebt; das gilt auch für Konsumaktien. Dazu haben aber auch die Schwellenländer und auch Europa immer noch einen gewaltigen Bewertungsunterschied im Vergleich zu den US-Aktien.

Diese Beispiele illustrieren, welche Überlegungen in Schritt 2 angestellt werden müssen. In Schritt 1 hast du entschieden, wie viel Kapital du für Dividendenaktien zur Verfügung hast. In Schritt 2 musst du nun konkret bestimmen, in welche Länder und Sektoren das Geld fließen soll. Das Gleiche gilt natürlich analog auch für dein Fixed-Income-Depot, wobei hier die Optionen – ich erwähnte es schon – leider nicht so reichhaltig sind. Auch nach der initialen Depot-Erstellung kommst du immer wieder zu Schritt 2 zurück, um Adjustierungen vorzunehmen. Mehr als ein- bis zweimal pro Jahr solltest du hierüber aber auch nicht nachdenken müssen, sonst machst du etwas falsch.

Im Schritt 3 managst du dann wirklich die einzelnen Positionen. Logischerweise bringst du hierfür am meisten Zeit auf. Da du hier in die Details gehst, besteht hier am ehesten die Gefahr, den Blick für das Große und Ganze zu verlieren. Du solltest dir also vor jeder Aufgabe in Schritt 3 noch einmal vergegenwärtigen, wie deine aktuelle taktische Ausrichtung (Schritt 2) aussehen soll. Umgekehrt solltest du dir aber vor jeder Depot-Analyse verdeutlichen, auf welcher Ebene du jetzt gerade eine Entscheidung treffen möchtest.

Wenn du beispielsweise bei einer Öl-Aktie darüber nachdenkst, ob du diese Position mit frischem Kapital aus Dividendenzahlungen ausbauen solltest, dann solltest du nicht noch darüber nachdenken müssen, ob du grundsätzlich mehr Energie-Aktien im Depot haben möchtest. Diese Entscheidung sollte bereits getroffen sein. Damit meine Gedanken im Tagesgeschäft nicht abschweifen, bin ich dazu übergegangen, mir einen Merkzettel zu meiner aktuell gültigen, taktischen Ausrichtung zu schreiben. Darauf steht, welche Länder beziehungsweise Branchen ich perspektivisch gerne höher gewichten, unverändert lassen beziehungsweise reduzieren will.

Im Laufe der Zeit wirst du deinen eigenen Prozess entwickeln, der für dich am komfortabelsten ist. Denke immer nur daran, dass du Entscheidungen auf drei verschiedenen Ebenen zu treffen hast und dabei immer nur jeweils eine Ebene auf einmal betrachtest.

Das Expressdepot für Einsteiger: So startest du deine Börsenkarriere am einfachsten

Möchtest du nach den letzten Kapiteln nun auch endlich mit dem Investieren anfangen und fühlst dich trotzdem dieser Aufgabe noch nicht ganz gewachsen? Glaube mir: Ich habe mir damals wochenlang den Kopf darüber zerbrochen, welche Aktie ich als Erstes kaufen sollte. Inzwischen weiß ich übrigens nicht mehr, welche Aktie mein erster Kauf war. Was ich damit aber sagen möchte: Du befindest dich in guter Gesellschaft. Verantwortung für das eigene Geld zu übernehmen, fällt nicht leicht. Und das ist auch gut so, sonst würdest du dieser Verantwortung für deinen eigenen Erfolg nicht gerecht werden.

Wenn du aber den Start immer wieder verschiebst, weil du dich einfach nicht entscheiden kannst, dann solltest du mit ETFs anfangen. Die von mir im dritten Kapital vorgestellten ETFs sind vermutlich ein guter Start. Oder du findest vergleichbare ETFs, die dir mehr zusagen. Hier geht es darum, dass du eine Gewichtung vornimmst, die dazu passt, was du selbst an zukünftigen Erwartungen an die Welt hast. Ich würde allerdings keinen der vorgestellten ETFs mit über 30 Prozent gewichten, sodass du immer eine ausreichende Risikostreuung besitzt.

Im ersten Schritt investierst du in die von dir ausgewählten ETFs und lässt die ausgeschütteten Dividenden automatisch in neue Anteile reinvestieren, wenn dein Broker dies erlaubt. Wenn dein Startkapital unter 20.000 Euro liegt, achte am besten darauf, dass du die ETF-Anteile bei einem Broker kaufst, der ETF-Sparpläne ermöglicht. So kannst du jeden Monat einen festen Betrag in jeden der gewählten ETFs investieren und auf diese Weise dein Depot schrittweise aufbauen.

Wenn du dich ans Investieren gewöhnt hast und mehr möchtest, dann kannst du nun auch in die ersten Einzelwerte investieren. Wenn du deine Chance als Privatanleger nutzen möchtest, überdurchschnittliche Renditen zu erzielen, dann solltest du dies früher oder später tun. Denn eine Vielzahl lukrativer Anlagen findet sich in keinem ETF oder Fonds. Aber überstürze dabei nichts. Am wichtigsten ist, dass du überhaupt anfängst!

Rational entscheiden: So triffst du systematisch erfolgreiche Anlageentscheidungen!

Als ich den ersten Entwurf dieses Buches im Bekanntenkreis mit der Bitte um Feedback verteilte, bekam ich von vielen Seiten Folgendes zu hören: Es ist ja schön, dass du mir mit deinen Checklisten hilfst, gute von schlechten Anlagen zu unterscheiden. Aber gerade bei Aktien bin ich dann trotzdem noch unsicher, welche davon kaufenswert sind.

Dieser Einwand ist berechtigt. Denn ein gutes Unternehmen kann auch teuer sein und ist dann nicht unbedingt einen Kauf wert. Wie also entscheide ich, ob ich am Ende ein Unternehmen kaufe oder nicht?

Inzwischen habe ich einen Großteil meiner Kriterien und Filter so verinnerlicht, dass ich Entscheidungen instinktiv treffen kann und dabei trotzdem sehr objektiv und rational bleibe. Ich kann mich aber auch noch an Zeiten erinnern, in denen das nicht so war. Meine persönliche Stimmung hing sehr davon ab, ob die Berichterstattung über Aktien gerade positiv oder negativ ausfiel.

Um trotzdem eine Hilfe für rationale Entscheidungen zu haben, habe ich vor einigen Jahren eine Entscheidungsmatrix entwickelt, mit der ich mir vergegenwärtige, welche Arten von Aktien ich eigentlich im Depot haben möchte und woran ich die betreffenden Kandidaten erkenne. Wie gesagt, ich halte mich heute nicht mehr sklavisch 1:1 daran, aber diese Entscheidungsmatrix ist mir immer noch eine große Hilfe, sodass ich sie dir vorstellen möchte.

Der Schlüssel zum Erfolg: Ein positiver Erwartungswert und keine Glaskugel

Bevor ich konkret auf die Matrix zu sprechen komme, noch ein paar allgemeine Worte zum Thema Wahrscheinlichkeiten. Schon häufiger ist es mir untergekommen, dass Kritiker meiner Strategie mir eine Aktie vorhalten, bei der ich eine falsche Entscheidung getroffen habe. Was zwischen den Zeilen in dieser Aussage mitschwingt, ist der Vorwurf: »Siehst du, deine Strategie funktioniert doch nicht so gut!«

Dabei habe ich nie behauptet, stets zutreffende Prognosen für einzelne Aktien und deren Wertentwicklung abgeben zu können. Dazu müsste ich mithilfe einer Glaskugel in die Zukunft blicken können. Das kann ich definitiv nicht. Ich weiß aber, dass ich am Ende erfolgreich bin, wenn ich mich konsistent und ohne Emotionen an eine erfolgreiche Strategie halte.

Eine erfolgreiche Strategie zeichnet sich nicht dadurch aus, dass sie jederzeit genau zutreffende Zukunftsprognosen über einzelne Aktien trifft. Ja, eine Strategie muss noch nicht einmal eine besonders hohe Trefferquote haben, um erfolgreich zu sein.

Eine erfolgreiche Strategie ist dadurch gekennzeichnet, dass jedes deiner Investments einen positiven Erwartungswert besitzt. Ein positiver Erwartungswert bedeutet vereinfacht, dass eine Geldanlage langfristig mehr einbringt, als sie kostet – trotz zwischenzeitlicher Schwankungen und einzelner Verlustjahre. Es geht also nicht darum, bei jedem Investment sofort richtig zu liegen, sondern insgesamt auf Dauer im Vorteil zu sein.

In der Mathematik beschreibt der Erwartungswert den durchschnittlichen Ausgang eines Ereignisses bei sehr vielen Wiederholungen. Übertragen auf Aktien heißt das: Wenn du eine bestimmte Anlagestrategie immer wieder anwenden würdest, ergäbe sich über viele Jahre im Schnitt ein Gewinn – nicht, weil jede einzelne Entscheidung perfekt war, sondern weil die zugrunde liegende Logik funktioniert.

Ein einfaches Beispiel: Angenommen, du investierst regelmäßig in eine Aktie, bei der historisch gesehen in 60 Prozent der Jahre ein Gewinn von +10 Prozent erzielt wird, während in 40 Prozent der Jahre ein Verlust von -5 Prozent entsteht. Der Erwartungswert berechnet sich dann wie folgt:

$$(60\,\% \times 10\,\%) - (40\,\% \times 5\,\%) = 6\,\% - 2\,\% = +4\,\%$$

Das bedeutet: Auch wenn es schlechte Jahre gibt, liegt deine durchschnittliche Jahresrendite langfristig bei +4 Prozent. Genau das ist ein positiver Erwartungswert: Die Gewinnwahrscheinlichkeit und die Gewinnhöhe sind insgesamt größer als die Verluste.

Es geht um Chance und Risiko. Darauf lässt sich alles an der Börse reduzieren.

Doch Vorsicht: Nur weil du ausschließlich Investments mit einem positiven Erwartungswert eingehst, wird nicht jedes Investment erfolgreich sein. Ich vergleiche das immer mit einem guten Pokerspieler. Er wird auch mit guten Karten Spiele verlieren, weil seine Gegner entgegen aller Wahrscheinlichkeit auch mit schlechten Karten mal gewinnen. Wenn dieser Pokerspieler aber die Wahrscheinlichkeit auf seiner Seite hat, wird er unterm Strich mehr gewinnen als verlieren.

Genau wie wir hat auch ein Pokerspieler keine Glaskugel und kann nicht vorhersagen, ob er das nächste Spiel gewinnen wird oder nicht. Er kann nur sagen, ob es sich lohnt, am Spiel mit einem Wetteinsatz teilzunehmen. Häufig gewinnen Zocker dann noch mit der letzten Karte, und der Einsatz ist verloren. Aber der Profi bleibt gelassen: Er weiß, dass langfristig die Mathematik auf seiner Seite ist. Wenn die Chancen das Risiko rechtfertigen, wird er auch bei einer Niederlage im nächsten Spiel wieder seinen Einsatz wagen.

Nun wetten wir nicht, und unsere Investments sind mit Sicherheit weniger riskant als ein Pokerspiel. Aber auch wir müssen Entscheidungen treffen, ob es sich für uns lohnt, ein Investment einzugehen. Ob es dann ein erfolgreiches Investment wird, können wir auch nicht vorhersagen.

Mit meiner Chance-Risiko-Matrix gelangst du zu rationalen, konsistenten Entscheidungen

Da sich alles am Ende auf Chance und Risiko reduzieren lässt, habe ich für meinen Entscheidungsprozess eine Chance-Risiko-Matrix entwickelt. Je nachdem, in welchem Feld ein Unternehmen landet, kann ich entscheiden, ob eine Aktie kaufenswert ist oder nicht.

Auf der x-Achse wird bei mir die erwartete Rendite von links nach rechts ansteigend angezeigt. Da ich mich in der Dividendenfabrik auf Cashflows konzentriere, berücksichtige ich keine erwarteten Kursgewinne, sondern nur die erwartete Dividende und die Aktienrückkäufe, sofern welche angekündigt wurden. Denn Aktienrückkäufe sind wie Dividendenzahlungen eine Möglichkeit, Kapital an die Aktionäre zurückzugeben. Auf der y-Achse wird das erwartete Risiko angezeigt; je weiter oben auf der Achse wir uns befinden, desto niedriger ist es.

durch diese Aufteilung ergeben sich vier Quadranten in meiner Matrix, wie in Abbildung 12 gezeigt.

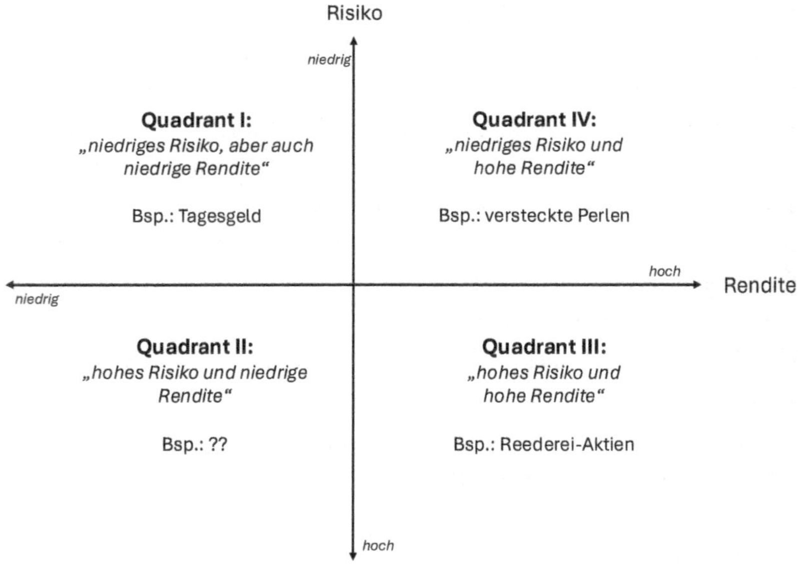

Abbildung 12: *Meine Entscheidungsmatrix zur Beurteilung von Geldanlagen. Sie enthält insgesamt vier Quadranten, die über Risiko und Rendite Auskunft geben. (Quelle: eigene Darstellung)*

Oben links im Quadranten I befinden sich alle Anlagen, die wenig Risiko, aber auch eine geringe Renditeerwartung aufweisen. Dazu zählen Anlagen wie Tagesgeld oder Anleihen von erstklassiger Bonität.

Unten links im Quadranten II würden sich sehr riskante Anlagen mit geringem Renditepotenzial befinden. Da Anleger für riskante Anlagen normalerweise sehr hohe Renditen verlangen, fällt mir für diesen theoretischen Fall kein sinnvolles praktisches Beispiel ein.

Unten rechts im Quadranten III befinden sich riskante Anlagen mit hohem Renditepotenzial. Das erste Beispiel, welches dir vielleicht einfällt, sind Trend-Aktien. Dazu gehörten zum Beispiel jüngst Unternehmen, die vom Hype um die künstliche Intelligenz profitieren. Es gibt aber auch für uns relevantere Beispiel aus der Dividendenwelt. Spontan würden mir hier zum Beispiel Reederei-Aktien einfallen, die zwar häufig mit sehr hohen Dividendenrenditen locken, bei denen die Dividendenzahlungen aber sehr stark schwanken.

Oben rechts im Quadranten IV befinden sich all die Anlagen, die wir gerne in unserem Depot haben möchten: risikoarme Anlagen mit überdurchschnittlicher Renditeerwartung. Diese Anlagen finden sich in vielen Bereichen, weshalb ich kein konkretes Beispiel dafür geben kann.

Ich kann mich aber noch erinnern, wie Philipp Morris um 2000 herum eine Dividendenrendite von über 10 Prozent versprach und gleichzeitig mit einem KGV von unter 10 bewertet war. Damals wollten alle Anleger Internet-Aktien kaufen, weshalb Philipp Morris auf eine solche Schnäppchenbewertung sinken konnte. Hier war das Renditepotenzial überdurchschnittlich und das Risiko nach unten gering.

Solche Perlen liegen aber meistens nicht offen auf der Straße. Und wenn sie es tun, dann hält die Mehrheit der Anleger die betreffende Anlage gerade für ein schlechtes Investment. Du musst also gut suchen und darfst nicht mit der Mehrheitsmeinung gehen, wenn du solche Perlen aus dem Quadranten IV finden möchtest!

So ermittle ich, ob eine Aktie meine Renditeerwartungen erfüllt

Bevor ich an einem konkreten Beispiel zeige, wie ich über potenzielle Dividendenaktien urteile, vorab Folgendes: Welche Rendite für dich ausreichend ist, damit eine Aktie rechts von der y-Achse eingeordnet wird, das musst du letztendlich entscheiden. Auch für mich ändert sich der minimale Renditeanspruch in Abhängigkeit vom aktuellen Marktzins. In der Null-Zins-Ära war mein Anspruch offensichtlich geringer als heute.

Darüber hinaus sind die folgenden Risikokriterien für mich Leitlinien und nicht absolute K.-o.-Kriterien. Das heißt, im Einzelfall weiche ich davon auch einmal ab, wenn es einen guten Grund dafür gibt. Hier gilt: Börsenerfahrung schlägt strikte Regelauslegung.

Aktuell möchte ich, dass eine Aktie mindestens 5 Prozent Rendite aus der erwarteten Dividendenzahlung erwirtschaftet. Bei einem Unternehmen mit wachsenden Dividenden berücksichtige ich außerdem noch das erwartete Dividendenwachstum. Wenn die Dividende in den vergangenen fünf Jahren beispielsweise im Schnitt um 5 Prozent p. a. gestiegen ist, dann beträgt die Rendite im nächsten Jahr bereits 5,25 Prozent (= 5 x 1,05).

Wenn ein Unternehmen Aktien zurückkauft oder signifikantes Kurssteigerungspotenzial hat, dann verbuche ich das im Hinterkopf als Pluspunkte, beziehe es aber nicht in die Renditeerwartung ein. Dadurch fällt meine Schätzung vorsichtig und konservativ aus, was mir nur recht ist. Natürlich habe ich aber gerade solche Faktoren im Blick, wenn die Dividendenrendite einer Aktie vielleicht nur 4,5 Prozent beträgt. Deswegen ist es so wichtig, keine strikten K.-o.-Kriterien festzulegen, die unmöglich jeden Einzelfall richtig berücksichtigen können.

Wie ich das Risiko bewerte

Ganz klassisch müsste ich jetzt für eine Aktie das maximale Abwärtspotenzial berechnen, um so das Risiko zu ermitteln. Zum besseren Verständnis: Das maximale Abwärtspotenzial eines gesunden Unternehmens liegt nicht bei null, sondern in der Regel bei seinem Buchwert. Oder, noch etwas konservativer, bei seinem um immaterielle Vermögensgegenstände bereinigten Buchwert.

Das würde aber nicht zu meiner Fabrik-Philosophie passen, weil es mir recht egal ist, ob der Aktienkurs auch mal etwas nach unten rutscht, solange die Dividende nachhaltig ausgeschüttet wird.

Für mich ist es daher viel entscheidender, das Risiko abzuschätzen, ob die Dividendenzahlung zukünftig in Gefahr sein könnte. Doch auch bei der Risikobewertung nehme ich die Einschätzung nicht auf das Prozent genau vor, wenn ich die folgenden Kriterien überprüfe. Diese sollten alle erfüllt sein, damit ein Investment als tendenziell risikoarm gilt und oberhalb der x-Achse der Matrix platziert werden kann. Je eher ein Kriterium erfüllt wird, desto risikoärmer ist die Aktie:

- Das Unternehmen sollte in den letzten fünf Jahren durchweg profitabel gewesen sein und eine Dividende ausgeschüttet haben. Idealerweise sind die Dividenden gestiegen, aber keinesfalls gesunken. Eine zehnjährige durchgehende Dividendenhistorie ist natürlich noch besser!
- Die Payout-Ratio des Unternehmens sollte so bemessen sein, dass die aktuelle Dividende nachhaltig ausgezahlt werden kann. Eine Payout-Ratio von unter 70 Prozent finde ich in Ordnung. Ausnahmen davon sind Business Development Companies (BDCs), die per Gesetz immer nahezu 100 Prozent ihres Gewinns ausschütten. Bei REITs finde ich eine Ausschüttung von 90 Prozent in Ordnung.
- Sofern es sich um normale Unternehmen handelt, sollte der Fremdkapital-Anteil 60 Prozent der Bilanz nicht übersteigen; bei REITs ist für mich bei 70 Prozent Schluss. Bei BDCs ist die Obergrenze von 66 Prozent gesetzlich vorgegeben.
- Ein weiterer Risiko-Indikator ergibt sich aus der Net Debt/EBITDA-Ratio. Daraus lässt sich ableiten, für wie viele Jahre ein Unternehmen das gleiche EBITDA erzielen müsste, um seine Nettoverschuldung (= Gesamtverschuldung minus Cash und liquide Investments) abzutragen. Bei Immobilienunternehmen ist eine höhere Verschuldung wegen der sehr gut planbaren Cashflows aus Mieten normal. Zudem sind die Darlehen häufig nur mit einzelnen Objekten besichert und haben keinen Einfluss auf das restliche

Unternehmen. Deswegen ist bei REITs auch eine Net Debt/EBITDA-Ratio von 6 bis 7 noch häufiger anzutreffen. Bei klassischen Unternehmen (außer Versorgern und Telekom) möchte ich diese Ratio aber maximal bei 3 sehen.

Wie du siehst, zielen all diese Kriterien darauf ab, eine langfristig steigende, ununterbrochene Ausschüttung von Dividenden sicherzustellen. Je eher die Kriterien erfüllt sind, desto besser.

So einfach kannst du die Chance/Risiko-Matrix auch für Anleihen, Baby Bonds und Preferred Shares einsetzen

Meine Chance/Risiko-Matrix ist ein universelles Tool und lässt sich auch sehr gut als Entscheidungshilfe für alle Zinsanlagen und Preferred Shares einsetzen. Hier ist der Anfang sogar noch einfacher, denn die Renditeerwartung ist durch den Kupon beziehungsweise die Garantie-Dividende bereits fix.

Auf der Risikoseite sind ähnliche Faktoren wie bei normalen Dividendenaktien von Interesse, gleichwohl gibt es ein paar Anpassungen. So interessiert die Payout-Ratio für die normale Dividende nicht, da Zinszahlungen und Garantiedividenden gezahlt werden müssen, bevor eine normale Dividende ausgeschüttet werden darf. Eine Historie langjähriger Profitabilität und eine niedrige Verschuldung sind aber hier bei der Beurteilung genauso relevant.

Noch leichter mache ich es mir bei Anleihen oder Baby Bonds, sofern sie über ein Rating verfügen. Hier kannst du dann zum Beispiel über ein Mindest-Rating (z. B. mindestens ein Investment-Grade-Rating) dein maximales Risiko einfach festlegen. Die meisten Baby Bonds haben aber in der Regel kein Rating, sodass man die oben genannten Kriterien zu Rate ziehen muss.

Der ideale Broker für deine Dividendenfabrik

Jetzt hast du dir deine persönliche Dividendenfabrik konzeptionell entworfen und möchtest die ersten Aktien und Anleihen kaufen. Bevor du dies tust, lies dir bitte meine Anmerkungen und Erfahrungen zur Broker-Auswahl durch. Deine Performance wird es dir danken.

In deiner Dividendenfabrik wirst du nach dem anfänglichen Aufbau nicht mehr sehr viele Transaktionen pro Quartal durchführen. Anleger, die nur sehr wenig handeln, denken häufig, dass die Auswahl des Brokers von untergeordneter Bedeutung wäre. Diese Überzeugung könnte jedoch nicht weiter von der Wahrheit entfernt sein.

Die Auswahl des richtigen Brokers hat sehr wohl einen messbaren Einfluss auf deinen Anlageerfolg, auch wenn du als Dividendeninvestor nur wenig handelst. Im Folgenden lernst du drei der wichtigsten Anforderungen an deinen Broker kennen und erfährst die Gründe, warum diese für deine Dividendenfabrik wichtig sind.

Handel an den Heimatbörsen zu möglichst günstigen Konditionen

Wie du im letzten Kapitel erfahren hast, versuchen wir, ein möglichst global diversifiziertes Depot aufzubauen. Da du an den Heimatbörsen immer die günstigsten An- und Verkaufskurse findest, sollte dein Broker dir den Handel auf möglichst vielen Märkten zu günstigen Konditionen ermöglichen. Einen günstigen Handel an den US-Börsen bieten inzwischen viele Broker an, aber gilt das auch für Asien oder Lateinamerika?

Der direkte Zugang ist wichtig, damit du überhaupt von den dortigen Kursen profitieren kannst. Wird eine entsprechende Aktie auch in Deutschland gehandelt, macht der hiesige Händler nichts anderes, als die Aktie für dich an der Heimatbörse zu kaufen. Natürlich macht er dies nur, wenn er daran auch etwas verdient. Es gibt noch andere

Gründe, durch die eine Aktie in Deutschland teurer wird als beispielsweise in Asien oder Nordamerika, aber das Ergebnis ist immer dasselbe: Die besten Konditionen für einen Kauf oder Verkauf findest du stets an der Heimatbörse.

Die niedrigen Gebühren sind wichtig, damit du auch mit kleinen Depots schon eine große Streuung erreichen kannst. Bei 25.000 Euro Depotgröße entsprechen 2 Prozent gerade einmal 500 Euro. Wenn du also 10 Euro Kosten für eine Transaktion hast, dann ist das signifikant. Ich möchte hier im Buch keinen Broker empfehlen, weil ich diese Publikation bei wechselnden Bedingungen nicht einmal eben so umschreiben kann. Aber wenn du ein wenig recherchierst, dann findest du schnell Broker, die nur einen Bruchteil an Gebühren berechnen. Alternativ kannst du dich auch für meinen kostenlosen Newsletter unter https://dividendenfabrik.de/ anmelden.

Mehrere Währungen in einem Depot

Genauso wichtig ist es meiner Meinung nach auch, dass du dein nicht investiertes Cash-Guthaben nicht nur in einer Basiswährung halten kannst. Selbst wenn du direkten Handelszugang zu mehreren Börsenplätzen hast, heißt das noch lange nicht, dass du auch ein Multi-Währungsdepot besitzt.

Am Beispiel einer Transaktion an einer US-Börse beschreibe ich dir, wie ein solcher Handel bei den meisten deutschen Brokern abläuft: Du möchtest eine US-Aktie kaufen und musst sie logischerweise bei einem Direktkauf auch in US-Dollar bezahlen. In deinem Depotkonto hast du aber nur eine Basiswährung, den Euro. Wenn du jetzt 10 Aktien zu 100 US-Dollar je Aktie kaufst, müssen die dafür notwendigen 1.000 US-Dollar erst durch einen Umtausch von Euro in US-Dollar generiert werden.

Welchen Wechselkurs der Broker dafür zugrunde legt, ist in den meisten Fällen überhaupt nicht bekannt. Es werden dir lediglich deine gesamten Anschaffungskosten in Euro genannt, in welchen aber auch noch Börsen- und Brokergebühren enthalten sind. Das ist total intransparent! Daher würde ich immer davon ausgehen, dass dein Broker dir, wie bei Banken und kleinen Transaktionen üblich, für den Wechsel noch mal 1 Prozent auf den aktuellen Wechselkurs aufschlägt. Bei 1.000 US-Dollar zahlst du somit noch einmal versteckt 10 US-Dollar an Gebühren.

Damit ist es aber noch nicht vorbei: Wenn du jetzt nach ein paar Monaten deine erste Dividende in US-Dollar erhältst, wird dir diese wieder in Euro umgerechnet, da du ja kein Cash-Konto für US-Dollar hast. Wieder gehen 1 Prozent auf diese Weise verloren. Das ist besonders ärgerlich, weil ich gerne Dividenden in ihrer jeweiligen Währung anspare und diesen Betrag dann, sobald er groß genug ist, wieder im selben Währungsraum reinvestiere. In meinem Beispiel müsste ich die schon automatisch in Euro umgerechneten Dividendenerträge wieder aus Euro zurück in US-Dollar tauschen – verrückt!

Wenn du anschließend die Aktie verkaufst, führst du wieder ungefragt einen Währungstausch zurück in Euro durch, woran dein Broker mitverdient. Die naheliegende Strategie, freigewordenes Kapital im gleichen Währungsraum zu reinvestieren, führt auf diese Weise zu einem doppelten Währungstausch.

Der ideale Broker bietet dir im Gegensatz dazu mehrere Währungskonten an, auf denen du Guthaben führen kannst. Wenn du dann einen Kauf in US-Dollar durchführst, wird dein US-Dollar-Konto belastet. Wenn du eine Dividende in britischen Pfund bekommst, wird diese deinem GBP-Konto gutgeschrieben usw. Selbst wenn du mal zwischen Währungen wechseln möchtest, kannst du dies zur aktuellen Interbankenrate zuzüglich minimaler Gebühren tun.

Fazit: Der optimale Broker ist für jeden Dividendensammler wichtig

Die höheren und intransparenten Umtauschgebühren werden erst mit wachsender Depotgröße immer relevanter. Doch niedrige Gebühren und der direkte Zugang zu möglichst vielen Handelsplätzen ist von Anfang an für alle Anleger gleichermaßen relevant. Aus schon genannten Gründen möchte ich im Buch keine konkreten Broker-Empfehlungen abgeben. Auf meiner Seite www.dividendenfabrik.de/broker findest du allerdings eine aktuelle Broker-Empfehlung von mir.

Renditebonus: Clever nachkaufen, wo die Rendite am höchsten ist

Wann sollte man eine bestehende Aktie noch einmal nachkaufen, wenn der Aktienkurs sinkt? Diese Frage habe ich bereits im vorletzten Kapitel angeschnitten – im Abschnitt zu Schritt 3, dem täglichen Depotmanagement. Trotzdem widme ich der Antwort noch einmal ein ganzes Kapitel. Warum? Weil die Antwort auf diese Frage Dreh- und Angelpunkt meiner Dividendenfabrik ist. Das gilt sowohl mit Blick auf die Anlegerpsychologie als auch auf deinen Anlageerfolg.

Mit der Dividendenfabrik-Philosophie bist du psychologisch im Vorteil

Bei der Dividendenfabrik fokussierst du dich auf den regelmäßigen Output und nicht auf die tagesaktuelle Bewertung deiner Depot-Positionen. Im Klartext bedeutet dies: Die Cashflows aus Dividenden und Zinsen sind maßgeblich – nicht die täglich schwankenden Börsenkurse.

Für mich und viele andere Anhänger meiner Dividendenfabrik-Philosophie macht dieser Schwerpunkt den wesentlichen Unterschied aus, um zu einem besonnenen, entspannten Investor zu werden. Denn normalerweise werden Anleger bei roten Börsenkursen nervös. Warum? Weil sie sich die Frage stellen, ob sie überhaupt noch die richtigen Aktien haben und was sie jetzt machen sollen.

Oder etwas direkter ausgedrückt: Sie haben keinen Plan, was sie bei fallenden Kursen tun sollen, weil sie nicht wissen, was sie eigentlich erreichen wollen. Bei steigenden Kursen haben sie auch keinen Plan, aber das fällt nicht so schwer ins Gewicht. Die steigende Flut hebt alle Boote, wie es so schön heißt.

Wenn du dir deine persönliche Dividendenfabrik aufbauen willst, dann hast du aber ein ganz konkretes Ziel: deinen jährlichen Cashflow aus Dividenden und Zinsen immer weiter aufzubauen. Dein Anlegerjahr war nicht erfolgreich, wenn dein Depot +10 Prozent im Gewinn notiert, sondern wenn du deinen Cashflow um +10 Prozent steigern konntest.

Glücklicherweise sind deine Cashflows aus Dividenden und Zinsen zumeist deutlich weniger volatil als die Börsenkurse selbst. Und du kannst den Nutzen deiner Anlage anhand der Rendite ganz genau für dich bestimmen. Wenn du eine Aktie mit 7 Prozent Dividendenrendite kaufst, dann kann dir diese Dividende niemand mehr nehmen, auch wenn die Aktie kurzzeitig mal um 10 Prozent sinken sollte. Demzufolge dürfte sich die psychologische Belastung für dich auch in Grenzen halten. Ganz im Gegenteil.

Unerwartete Korrekturen an der Börse sind der beste Einkommens-Booster

Du bist vermutlich sogar einer von ganz wenigen Anlegern, der sich über einen vorübergehenden Kursrutsch freut. Denn wenn die Ausschüttung gleichbleibt, dann steigt die Rendite mit sinkendem Kurs. Jetzt kannst du deinen Cashflow weiter steigern, indem du deine Position mit einer noch höheren Dividendenrendite aufstockst.

Während andere Anleger also wie gelähmt auf Kursverluste schauen, bleibst du ruhig, weil du einen Plan hast. Und diese Ruhe ist Gold wert. Denn wesentliche Wachstumsschübe meiner Cashflows kommen in den seltenen Momenten, in denen die Börse unerwartet stark korrigiert.

So habe ich im Corona-Crash meine jährlichen Auszahlungen durch günstige Zukäufe um fast 50 Prozent steigern können. Als im Jahr 2023 die Zinsen unerwartet schnell stiegen, rutschten genauso schnell die Kurse von Preferred Shares und Anleihen in den Keller. Solide Emittenten boten auf einmal Renditen von bis zu 10 Prozent p. a. Dass ich hier im Fixed-Income-Depot stark aufgestockt habe, davon profitiere ich heute noch.

Dein Schlüssel zum Erfolg: Vorher schon wissen, was du künftig tun wirst

Damit ich in kritischen Momenten aber einen kühlen Kopf bewahren kann, habe ich mir einen konkreten Prozess zurechtgelegt. So lasse ich mich nicht von den Emotionen um mich herum ablenken, sondern mache das Beste aus diesen erfolgskritischen Momenten.

durch meine regelmäßigen Reviews weiß ich schon, dass ich keine meiner Positionen verkaufen möchte. Bin ich mit einer Position nicht mehr zufrieden, so mache ich das unabhängig vom Marktklima sofort nach meiner Entscheidung. Die Devise »Vielleicht noch mal einen günstigeren Markt abwarten« gibt es bei mir nicht.

Wenn also eine marktweite Korrektur über uns Anleger hereinbricht, komme ich nicht mehr ins Grübeln, ob ich vielleicht verkaufen sollte. Das ist viel wert, denn auf diese Weise kann ich mich allein darauf konzentrieren, wo ich durch Zukäufe die unerwartet günstigen Kurse ausnutzen möchte.

Aus meinen regelmäßigen Portfolio-Reviews weiß ich natürlich auch, welche Aktien in meinem Depot aktuell ein (zu) hohes Gewicht haben und welche ich noch nachkaufen kann. Außerdem habe ich eine Watchlist an Kandidaten, die ich als hochwertig einstufe, die mir aber bisher zu teuer waren.

Im ersten Schritt versuche ich zu niedrig gewichtete Positionen aufzustocken. Dahinter steckt der Gedanke, dass ich diese Investments schon besser kenne. Gleichzeitig möchte ich aber auch vermeiden, in zu vielen Mini-Investments zu stecken, die unterhalb ihrer Soll-Größe gewichtet sind. Wenn ich darauf nicht achte – auch das kenne ich aus der Praxis –, dann lande ich am Ende bei mehr als 75 Positionen im Dividendendepot, und dann wird es irgendwann ineffizient.

Unter meinen Investments unterhalb der Soll-Größe sortiere ich diese nun nach ihrer aktuellen Rendite, also nach der Rendite, die ich jetzt erzielen würde, wenn ich heute kaufen würde. Sie kann höher oder niedriger ausfallen als die Rendite, die ich auf mein bisher eingesetztes Kapital erziele. Erst wenn ich hier alle Positionen auf ihre Soll-Größe aufgestockt habe, sehe ich mich nach neuen Investments um.

Alles investieren oder immer ein wenig Cash zurückhalten?

Wenn du nach dem obigen Prozess vorgehst, wirst du dir früher oder später die Frage stellen, ob du dein gesamtes Geld investieren oder immer etwas Pulver trocken halten solltest. Ich persönlich habe früher gerne immer etwas Kapital zurückbehalten. Inzwischen denke ich jedoch, dass dies die falsche Sichtweise ist.

In der Realität ist es sowieso so, dass ich zumeist immer etwas Cash übrighabe. Entweder weil die Märkte gerade zu teuer sind oder weil ich mich nach dem quartalsweisen Review von einer Position getrennt habe. Aber es sollte nie dein Ziel sein, absichtlich einen Teil deines Kapitals nicht arbeiten zu lassen. Wie ein Immobilieninvestor vorher die Mieteinnahme einer Wohnung absehen kann, kannst auch du den Cashflow aus einer Investition einschätzen. Wenn die Rendite für dich passt, gibt es keinen Grund zu warten.

»Aber André, du investierst doch selbst nicht sofort eine volle Position!« Wenn du mir diesen Einwand jetzt entgegenbringen würdest, hast du das Buch aufmerksam gelesen. Und ja, du hast recht. Ich mache das aber nicht vorrangig wegen der Hoffnung, eine noch bessere Rendite durch einen günstigeren Einkauf zu erzielen, sondern weil das Investment noch neu für mich ist. Wie du nach dem ersten Date nicht gleich eine Hochzeit planst, möchte ich auch nicht mit meinem ersten Kauf eine volle Position aufbauen. Erst möchte ich das Unternehmen hinter der Aktie oder Anleihe etwas besser kennenlernen. Wenn die Kennenlernphase abgeschlossen ist und ich mich mit einer vollen Position komfortabel fühle, dann stocke ich aber auch ohne zu warten auf.

Es gibt also keinen Grund, einfach so eine Cash-Reserve zu halten. Dein Risiko minimierst du schon dadurch genügend, dass du dein Portfolio auf 50 bis 75 Positionen verteilst.

Achtung Falle: Diese Fehler habe ich schon für dich gemacht

Leider werden zu viele Fachbücher von Theoretikern geschrieben. Diese wissen, »wie es geht«, können (oder wollen?) dieses Wissen aber nicht in die Praxis umsetzen. Das gilt leider auch für Fachbücher zum Thema Geld.

Ich bin dagegen kein akademisch qualifizierter Experte für das Thema Geldanlage. Mit Wirtschaft kenne ich mich zwar aus, und ich habe auch mal vor langer Zeit einen Universitätsabschluss als Diplom-Kaufmann erworben; ich habe aber nie als Bankberater gearbeitet oder die »moderne Portfolio-Theorie« im Detail studiert. Alles, was ich zum Thema Börse weiß, habe ich mir autodidaktisch erarbeitet. Und zwar größtenteils durch »Learning by Doing«.

Deswegen genügt dieses Buch sicherlich auch keinen akademischen Ansprüchen. Dafür bekommst du aber ein Buch von einem Praktiker in die Hand. Alles, worüber ich in diesem Buch schreibe, praktiziere ich seit Langem in meinem eigenen Depot. Von einem kleinen Anfängerdepot hin zu einer Depotgröße, die es mir erlaubt, komfortabel von meinen Cashflows aus Dividenden und Zinsen zu leben.

Das meiste davon kann ich guten Gewissens zur Nachahmung empfehlen. Alles, was in diesem Kapitel steht, jedoch nicht! Hier geht es um die Fehler, die ich im Laufe meiner Investment-Karriere gemacht habe. Alle zusammengerechnet haben mich sicherlich eine sechsstellige Summe gekostet.

Diese Verluste kannst du dir sparen, weil du meine Fehler nicht wiederholen musst. Lies dieses Kapitel also besonders aufmerksam durch: Der erste Schritt zum anhaltenden Börsenerfolg liegt darin, möglichst wenig Kapital durch dumme Fehler zu verlieren.

Einige dieser Fehler bestehen in steuerlichen Fallstricken, die ich zu spät durchblickt habe. Auch wenn ich diese hier beschreibe, versteht es sich von selbst, dass ich keine steuerlichen Ratschläge geben kann. Für deinen konkreten Einzelfall ziehe bei Fragen bitte immer einen Steuerberater hinzu.

Master Limited Partnerships: Hohe Dividenden, aber nur noch für US-Anwohner

Sogenannte Master Limited Partnerships (MLPs) gibt es vor allem im Energie-Bereich an den US-Börsen zahlreich. Sie zeichnen sich durch eine hohe Dividendenrendite aus, die jedoch ihren Grund hat.

Denn MLPs werden in den USA auf Unternehmensebene so gut wie nicht besteuert, dafür aber unterliegen dann die Ausschüttungen auf der persönlichen Ebene des Aktionärs der Steuerpflicht. Damit gleichen Anteile an einer MLP mehr einem Anteil an einer Kommanditgesellschaft. Wenn du Anteilseigner einer Kommanditgesellschaft bist, musst du den daraus resultierenden Ertrag auch persönlich versteuern.

Für US-Anleger ist das ein geschlossener Kreislauf, weil sie in den USA ihre Steuern zahlen. Für außerhalb der USA ansässige Investoren galt hingegen einst, dass sie theoretisch auch in den USA eine Steuererklärung hätten abgeben müssen. Wie du dir wenig überraschend vorstellen kannst, haben das viele Anleger für 1.000 US-Dollar Dividende im Jahr aber nicht gemacht. Daraufhin wurde zu Beginn des Jahres 2023 die Besteuerung dahingehend vereinfacht, dass eine Mitwirkung der Anleger nicht mehr notwendig ist. Stattdessen wurden die Broker in die Mitwirkungspflicht genommen, was dazu führt, dass heute fast kein US-Broker mehr MLPs zum Handel anbietet.

Das ist aber noch nicht alles, denn die neue Regelung hat es in sich: Seit Anfang 2023 werden bei einem Verkauf von MLP-Anteilen 10 Prozent des Verkaufserlöses als Pauschalsteuer einbehalten und direkt an das US-Finanzamt abgeführt. Dabei ist es völlig unerheblich, ob der Verkauf mit Gewinn oder Verlust erfolgt. Bei einem Kauf zu 1.000 US-Dollar und einem anschließenden Verkauf zu 900 US-Dollar würde eigentlich ein Verlust von 100 US-Dollar entstehen. Da jedoch von den 900 US-Dollar noch einmal 10 Prozent abgezogen werden, erhält der Anleger nur 810 US-Dollar zurück, sein Verlust erhöht sich somit auf 190 US-Dollar.

MLPs sind damit für Nicht-US-Anleger inzwischen völlig uninteressant geworden. Die meisten Broker schützen dich auch vor einem teuren Fehler, indem sie diese Aktiengattung gar nicht mehr zum Handel anbieten. Solltest du dennoch die Möglichkeit zum Kauf haben: Lasse dich nicht von der hohen Dividendenrendite blenden. Finger weg!

Quellensteuer: Der Horror eines jeden Dividendensammlers

Jetzt komme ich zum beliebtesten Fehler unter Dividendensammlern. Eine beliebige ausländische Dividendenaktie sieht einfach unwiderstehlich gut aus und lockt mit einer hohen Dividendenrendite.

Am Tag der ersten Ausschüttung erfolgt dann das böse Erwachen: Die Quellensteuer ist viel höher als angenommen! Und auf den ersten Schock folgt gleich der zweite: Die höhere Quellensteuer wird nicht einmal voll vom deutschen Finanzamt anerkannt. In den meisten Fällen lässt sich zwar ein Teil der Quellensteuer zurückholen. Denn eine Doppelbesteuerung soll insbesondere in Europa eigentlich vermieden werden. Die einzelnen Länder sind aber gut darin, diese Erstattung so kompliziert zu gestalten, dass die meisten Anleger entnervt abwinken und resigniert zweimal Steuern zahlen.

Damit du nicht auch in diese Falle tappst, habe ich dir im Folgenden eine unverbindliche Übersicht über die für Dividendensammler wichtigsten Länder zusammengefasst. Unter »Quellensteuer« findest du den Steuersatz, den dir die Länder bei Zahlung der Dividende sofort abziehen. Die weiteren Spalten sind, so meine ich, selbsterklärend (siehe Tabelle 2).

Land	Quellen-steuer	Erstattungs-möglichkeit	Vom dt. Finanzamt anerkannt	Bemerkungen
Australien	30 %	Nein	15 %	Keine Erstattung möglich.
Belgien	30 %	Ja, teilweise	15 %	Antrag erforderlich.
Dänemark	27 %	Ja, teilweise	15 %	Erstattung möglich.
Finnland	30 %	Ja, teilweise	15 %	Antrag erforderlich.
Frankreich	30 %	Ja, bis zu 17,2 %	12,80 %	Erstattungsantrag erforderlich.
Großbritannien	0 %	Nein	0 %	Keine Quellensteuer auf Dividenden.
Hongkong	0 %	Nein	0 %	Keine Quellensteuer auf Dividenden.
Italien	26 %	Ja, teilweise	15 %	Erstattung auf Antrag möglich.
Japan	15 %	Ja, bis zu 100 %	15 %	Vorab-Reduzierung und Erstattung möglich.
Kanada	15 %	Ja, teilweise	15 %	Reduzierter Satz durch DBA, Antrag erforderlich.
Niederlande	15 %	Ja, bis zu 100 %	15 %	Erstattung möglich.
Norwegen	25 %	Ja, bis zu 100 %	0 %	Erstattung beim norwegischen Finanzamt.
Österreich	27,50 %	Ja, teilweise	15 %	Erstattung beim österreichischen Finanzamt.
Polen	19 %	Ja, teilweise	15 %	Erstattung möglich.
Schweden	30 %	Ja, teilweise	15 %	Erstattung über schwedisches Finanzamt möglich.
Schweiz	35 %	Ja, bis zu 20 %	15 %	Formular 85 zur Erstattung notwendig.
Singapur	0 %	Nein	0 %	Keine Quellensteuer auf Dividenden.
Spanien	19 %	Ja, teilweise	15 %	Erstattung über spanisches Finanzamt möglich.
USA	15 %	Ja, bis zu 100 %	15 %	Mit W-8BEN-Formular vorab reduzieren.

Tabelle 2: *Quellensteuer in den wichtigsten Anlageländern. Alle Regelungen im Überblick. (Quelle: eigene Darstellung)*

Diese Liste ist bewusst umfassend gehalten. Meiner Erfahrung nach kommt man aber immer wieder mit den gleichen Ländern in Konflikt. Zum Beispiel mit Norwegen, wo es traditionell im Öl- und Gasbereich gute Dividendenrenditen gibt. Auch Spanien oder Italien haben ein paar interessante Energieunternehmen und Versorger auf dem Kurszettel. Schweizer Aktien spielen für mich in der Praxis erstaunlicherweise nur selten eine Rolle. Polen ist schon länger ein attraktiver Markt für Dividendensammler, mit einer Quellensteuer von 19 Prozent aber gerade noch so akzeptabel, sofern die Bewertung entsprechend attraktiv ist.

Es gibt aber auch genügend Länder, bei denen die Besteuerung entweder sehr anlegerfreundlich geregelt ist oder aber gar keine Rolle spielt:

1. **Großbritannien, Hongkong und Singapur:** Keine Quellensteuer auf Dividenden, was den administrativen Aufwand minimiert.
2. **USA:** Reduzierter Satz von 15 Prozent durch das W-8BEN-Formular, voll anerkannt durch das deutsche Finanzamt. Auf Zinsen wird keine Quellensteuer erhoben.
3. **Niederlande und Japan:** Beide haben einen Quellensteuersatz von 15 Prozent, der vollständig vom deutschen Finanzamt anerkannt wird.
4. **Kanada:** Viele spannende Dividendenwerte, und es gibt ebenfalls ein Doppelbesteuerungsabkommen (DBA), welches die Quellensteuer auf 15 Prozent reduziert. Ähnlich wie bei den USA wird bei Erfüllung der Kriterien nur der reduzierte Satz direkt beim Broker abgezogen.

Wenn du deinen administrativen Aufwand minimieren möchtest, dann sind Aktien aus den oben genannten Ländern für dich die erste Wahl. Aus allen anderen Ländern kaufe ich nur Aktien, wenn ihre Dividendenrendite auch ohne eine Erstattung attraktiv genug ist. Mir ist meine Zeit einfach zu schade dafür, einem ausländischen Finanzamt hinterherzulaufen.

Zu hohe oder zu niedrige Gewichtung

Der Klassiker unter den Anlagefehlern ist fehlendes Risikomanagement. Fast jeder Anleger hat sich im Laufe seiner Börsenkarriere schon einmal in eine Aktie verliebt und zu viel davon gekauft. Das ist super, wenn die Spekulation aufgeht. Aber wie bei einem Pokerspieler, der mit zu viel Risiko einen Abend lang mal Glück haben kann, geht ein solches Verhalten selten auf lange Sicht gut.

Auch ich habe mich natürlich schon einmal dazu verleiten lassen, eine zu große Position aufzubauen. Inzwischen ist aber das Gegenteil davon der für mich wahrscheinlichere Fehler. Ja, auch eine zu geringe Gewichtung im Depot kann Probleme machen. Damit verzettelst du dich und bleibst nicht bei allen Positionen auf dem Laufenden. Zudem ist es auch wissenschaftlich nachgewiesen, das ab einem gewissen Diversifikationsgrad das Risiko nicht mehr reduziert wird.

Aber glaube mir, es ist wirklich ganz einfach, plötzlich mit zu vielen einzelnen Positionen dazustehen. So habe ich gerne immer mal klein eine neue Position angekauft, einfach um den Fuß in der Tür zu haben. Mit wachsendem Depot musste ich mich zudem zwingen, gleich beim ersten Kauf eine gewisse Mindestgröße einzuhalten. Das ist nicht ganz einfach, wenn du einst mit 1.000 Euro pro Position angefangen hast und plötzlich mindestens 10.000 Euro oder mehr pro Position investieren sollst. Inzwischen schaue ich regelmäßig auf den Gesamtwert des Depots, um mindestens immer 1 Prozent beim Erstkauf zu investieren.

Ungeduld beim Einstieg (I): die Angst vor davonlaufenden Kursen

Ungeduld und die Angst, dass der (noch) attraktive Kurs der tollen neu entdeckten Aktie davonlaufen könnte, wenn man jetzt nicht sofort einsteigt, sind die Ursachen für einen weiteren beliebten Fehler, den eigentlich fast jeder Börsenanfänger macht. Dabei ist es gerade bei der Umsetzung meiner Dividendenfabrik-Philosophie ganz einfach, eine Entscheidung zu treffen: Entweder ein Investment wirft eine ausreichend hohe Rendite durch Ausschüttungen oder Zinsen ab – oder eben nicht.

Darüber hinaus kann ich dich nach mehr als zwei Jahrzehnten an der Börse beruhigen: Die Gelegenheiten und neuen Ideen gehen dir als Anleger nie aus. Gerade am Anfang habe ich ein paarmal gedacht: »Eine solche Chance kommt nie wieder.« Aber das ist Quatsch. Du musst nur deinen Horizont weit genug öffnen. Wenn du nur nach deutschen Midcap-Aktien schaust, kann es tatsächlich passieren, dass die Bewertungen für ein paar Jahre zu hoch sind. Aber weltweit sind immer ein paar Märkte oder Branchen gerade heute in Ungnade gefallen. Und nicht jedes Mal, wenn die Anleger sich von einem Investment abwenden, ist diese Skepsis gerechtfertigt.

Sollte eine Aktie oder Anleihe deutlich weniger Rendite versprechen, als du es dir erwartest, dann kannst du dieses Investment erst mal wieder verwerfen und ein paar Monate beziehungsweise Jahre später wieder draufschauen. Solltest du jedoch kaufwillig sein, wenn der Aktienkurs noch einmal um 10 Prozent fällt, dann kannst du eine GTC-Kauforder mit deinem gewünschten Kaufkurs einstellen. GTC steht für »Good Till Canceled« und bedeutet nichts anderes, als dass deine Kauforder gültig bleibt, solange du sie nicht löschst. Genau genommen stimmt das nicht ganz, denn die meisten Broker löschen Orders entweder nach sechs Monaten oder zum Jahresende. Aber bis dahin musst du nicht mehr täglich auf die Kurse schauen und kannst entspannt warten, ob dein »Kaufangebot« angenommen wird.

Aus meiner persönlichen Erfahrung kann ich sagen, dass auch limitierte GTC-Orders mit einem geradezu unverschämt niedrigen Kauflimit häufiger ausgeführt werden, als ich vorher gedacht hätte. Gerade bei den etwas weniger liquiden Preferred Shares und Baby Bonds gibt es immer wieder mal willige Verkäufer, die unbedingt sofort verkaufen wollen. Wenn sie dann dein Kauflimit im Orderbuch sehen, nehmen sie dankbar an. Ohne deine Kauforder mit Limit wäre dieser Preis aber vielleicht nie erreicht worden. Sei also geduldig und nutze die GTC-Order zu deinem Vorteil.

Ungeduld beim Einstieg (II): Durch schlichten Kauf versäumst du eine geniale Zusatzrendite

Bei den größeren Aktien, auf die an der Börse Optionen gehandelt werden, versäumst du durch allzu ungeduldiges Handeln eine geniale Möglichkeit, zusätzliche Renditen zu erzielen. Denn du kannst dir deine Geduld sogar extra belohnen lassen. Wie das geht? Indem du statt einer limitierten Kauf-Order eine Put-Option verkaufst.

Eine Option ist ein Recht, einen bestimmten Basiswert, zum Beispiel eine Aktie, zu einem bestimmten Zeitpunkt oder in einem bestimmten Zeitraum zu einem festgelegten Preis zu kaufen (Call-Option) oder zu verkaufen (Put-Option).

Beispiel Put-Option: Es ist November 2025 und Rudi besitzt 100 Microsoft-Aktien, die aktuell bei 510 US-Dollar pro Aktie notieren. Der Aktienkurs stand schon einmal höher, und Rudi ist unsicher, ob die Aktie weiter nach oben läuft oder ob die Microsoft-Aktie jetzt in einen Abwärtstrend übergeht. Um ganz sicherzugehen, will er die Aktie jetzt noch nicht verkaufen, aber zumindest mit einer Put-Option absichern.

Er kauft deshalb eine Put-Option für Januar 2026 mit einem Basispreis von 500 US-Dollar. Das bedeutet: Sollte die Microsoft-Aktie im Januar 2026 unter 500 US-Dollar notieren, so verpflichtet sich der Verkäufer der Put-Option, Rudi seine Microsoft-Aktien für 500 US-Dollar abzukaufen, auch wenn der tatsächliche Aktienkurs im Januar niedriger steht.

Der Kauf der Put-Option ist für Rudi also eine Versicherung, dass er im Falle eines Kursverfalls seiner Microsoft-Aktien diese im Januar 2026 immer noch für 500 US-Dollar verkaufen kann. Für diese »Versicherung« muss Rudi dem Verkäufer der Put-Option eine Optionsprämie zahlen, die einer Versicherungsprämie gleichkommt.

Stell dir vor, du möchtest Microsoft-Aktien kaufen, aber nicht mehr als 500 US-Dollar pro Aktie bezahlen. Jetzt könntest du entweder eine Kauf-Order mit Limit 500 US-Dollar bei deinem Broker einstellen, oder du verkaufst stattdessen Rudi als Stillhalter (so wird der Verkäufer einer Option genannt) eine Put-Option. Diese Variante hat den Charme, dass du die Microsoft-Aktie ebenfalls für 500 US-Dollar bekommst, wenn sie auf 500 oder tiefer fällt. Du bekommst aber zusätzlich noch von Rudi die Optionsprämie, also die Belohnung für deine Zusage, auf jeden Fall zu liefern, sodass dein tatsächlicher Kaufkurs nach erhaltener Prämie sogar niedriger ausfällt.

Wenn die Microsoft-Aktie nicht unter 500 US-Dollar fällt, dann bekommst du im Vergleich zur bloßen Limit-Order aber wenigstens noch einen Ertrag aus der Optionsprämie. Gibt es einen Haken? Wenn die Aktie vor der Laufzeit kurz unter 500 US-Dollar steht und im Januar 2026 wieder höher, wäre deine Limit-Order ausgeführt worden. Deine Put-Option würde in diesem Fall aber nur ausgeführt, wenn der Optionskäufer seine Option vor Laufzeitende ausüben würde, was nur selten vorkommt.

Du als Stillhalter musst stillhalten, wie das Wort schon sagt. Du kannst also keine vorzeitige Ausübung der Option verlangen, wenn die Microsoft-Aktie beispielsweise bereits im Dezember unter 500 US-Dollar notiert. Im Beispiel, in dem die Microsoft-Aktie im Januar 2026 dann wieder über 500 US-Dollar notiert, hättest du dann keine Aktien erhalten, sondern nur an der Optionsprämie verdient.

Dennoch ziehe ich, wenn es die Wahlmöglichkeit gibt, meistens den Verkauf einer Put-Option einer reinen Limit-Kauforder vor. Dadurch, dass ich diese monatlich neu verkaufen kann, ist das Risiko, einen kurzen Dip unter mein Kauflimit nicht genutzt zu haben, noch einmal reduziert. Mir sind jedenfalls in meiner Börsenkarriere nur ganz wenige Aktien durchs Netz gegangen, bei denen ich mich für den Verkauf eines Puts entschieden habe.

Wichtig ist nur, dass du weißt, dass ein an der Börse gehandelter Optionskontrakt immer für 100 Aktien gilt. Bei 100 Microsoft-Aktien mit einem Kurswert von 500 US-Dollar würdest du dich also verpflichten, Microsoft-Aktien im Wert von 50.000 US-Dollar zu kaufen. Beachte also immer, dass du Optionskontrakte nur in dem Umfang verkaufst, wie du auch wirklich Aktien kaufen möchtest. Bei den teureren Aktien wie Microsoft erscheint es dagegen unter

Umständen ratsam, auf den Verkauf einer Put-Option zu verzichten.

Da der Broker sicherstellen möchte, dass du die Aktien auch wirklich kaufen kannst, wenn der Options-Halter seine Option ausübt, musst du beim Verkauf der Option 50.000 US-Dollar als Sicherheit hinterlegen. Deswegen spricht man auch von Cash-Secured Puts.

Mir ist es auf diese Weise bei Aktien, die lange Zeit seitwärts über meinem Kauflimit notierten, gelungen, meinen Einstandskurs deutlich zu drücken. Du solltest allerdings darauf achten, dass deine Optionsprämie höher ausfällt als die Dividendenausschüttungen der von dir gesuchten Aktie. Sonst hast du unterm Strich am Ende auf mehr Dividende verzichtet, als du durch die Optionsprämie eingenommen hast.

Hilfsmittel und Tools für Dividendeninvestoren

Wie du inzwischen sicherlich mitbekommen hast, ist es mir sehr wichtig, mein Geld entspannt anzulegen. Alle Hilfsmittel, die meine Suche nach neuen Kandidaten und auch die laufende Betreuung einfacher machen, sind willkommen. Gerade in den vergangenen Jahren sind einige sehr gute Tools auf den Markt gekommen, die mir das Anlegerleben wirklich erleichtern. Die wichtigsten davon stelle ich dir in diesem Kapitel vor. Wohlgemerkt: Ich bekomme dafür keine Provision oder Vergütung – es handelt sich nicht um Werbung, sondern um Empfehlungen auf Basis meiner persönlichen Erfahrungen.

Tools zur Aktienanalyse und -auswahl

Als erfolgreicher Dividendeninvestor brauchst du Zugriff auf zuverlässige Finanzdaten. Schließlich investierst du aufgrund harter Fakten und nicht, weil dich eine Aktien-Story begeistert. Zwei Tools, die ich dafür empfehlen kann, sind Koyfin.com und Tikr.com. Ich habe mich letztendlich dafür entschieden, Koyfin.com zu nutzen. Allerdings würde ich dir dennoch raten, beide Tools auszuprobieren. Bei mir waren es am Ende Kleinigkeiten, die den Ausschlag für Koyfin.com gegeben haben, und vielleicht kommst du hier zu einem anderen Ergebnis.

Koyfin.com ist besonders nützlich für detaillierte Finanzanalysen und Visualisierungen. So kannst du umfangreiche Daten zu Unternehmensfinanzen, historischen Dividenden und Markttrends bekommen. Die Auswahlkriterien beim Filtern (siehe auch nächster Abschnitt) sind meiner Meinung nach bei Koyfin.com etwas umfangreicher, und es gibt bessere Visualisierungsmöglichkeiten. Allerdings hat auch Tikr.com Filterfunktionen und ist – Stand heute – preislich ein wenig günstiger.

Beide Plattformen haben jedoch bei der Newsversorgung außerhalb der USA ein Problem. Für US-Aktien gibt es zuverlässig Nachrichten zu allen Aktien. Für europäische und asiatische Aktien ist die Newsversorgung aber zumeist nicht gut. Ich wünschte, ich könnte dir jetzt verraten, wie ich dieses Problem gelöst habe, aber dem ist nicht so. News und Pressemitteilungen global unter einem Dach, das gibt es natürlich bei Reuters oder Bloomberg. Beide Anbieter sind aber viel zu teuer für uns als Privatanleger.

Wenigstens besitzt Koyfin.com einen akkuraten Earnings-Kalender, der weltweit alle Aktien abdeckt. Hier kann ich bis zu 90 Tage in die Zukunft schauen und weiß daher, welche Unternehmen aus meinem Portfolio zu welchem Zeitpunkt Geschäftszahlen veröffentlichen. Diese hole ich mir dann direkt von der jeweiligen Unternehmensseite, sofern ich sie nicht auf Koyfin.com finde.

Für Closed End Funds und Investment Trusts nutze ich die Websiten Theaic.co.uk (UK) und CEFConnect.com. Hier finde ich die für CEFs relevanten Infos zu NAV, Ausschüttung, Portfolio, historische Performance usw.

Aktien-Screener: Ein Tool, um neue Kandidaten einfach zu finden

Ein Aktien-Screener ist ein unverzichtbares Werkzeug für jeden Dividendeninvestor. Mit einem Screener kannst du schnell und effizient eine Vielzahl von Aktien nach spezifischen Kriterien durchsuchen und so potenzielle Dividendenkandidaten identifizieren. Sowohl Koyfin.com als auch Tikr.com bieten umfangreiche Screening-Funktionen.

Wichtig ist, dass du beim Screening die Filterkriterien nicht von Anfang an zu eng einstellst, sondern mit grundlegenden Kriterien beginnst. Diese können zum Beispiel sein:

- Mindest-Dividendenrendite von 6 Prozent
- nur Unternehmen, die in den letzten fünf Jahren stabile oder steigende Dividenden ausgeschüttet haben
- Ausschüttungsquote unter 100 Prozent: So schließt du Unternehmen aus, die ihre Dividende aus der Substanz zahlen. Anmerkung:

Für normale Unternehmen wäre mir eine Quote von maximal 80 Prozent lieber, um eine nachhaltige Dividende zu gewährleisten. Damit würde ich allerdings viele REITs oder BDCs ausschließen. In der Praxis bietet es sich an, hierfür zwei verschiedene Screens aufzusetzen.
- Positives Umsatzwachstum in den vergangenen fünf Jahren

Von hier aus kannst du deine Suche beliebig verfeinern, zum Beispiel nach Ländern und Branchen. Dazu kannst du deinen Basis-Screener vervielfältigen und dann die Detailkriterien (wie z. B. das Land) in jedem einzelnen Screen anpassen.

ETFs und Dividendenfonds als Ideen-Generator

Nicht alle lukrativen Dividendenaktien kannst du über einen Aktien-Screener finden. Meine besten Aktien waren häufig in dem Moment, in dem ich sie kennengelernt habe, noch zu teuer. Interessante Kandidaten landen dann aber auf meiner Watchlist, falls sie ansonsten meine Kriterien (Ertragswachstum pro Aktie/Anteil, langfristiges Dividendenwachstum usw.) erfüllen. Wenn sie dann zu einem späteren Zeitpunkt, zum Beispiel durch ein verhageltes Quartalsergebnis, vorübergehend günstiger werden, bin ich zur Stelle.

Über einen Aktien-Screener würden solche Aktien aber vorher gar nicht auftauchen, sodass ich einen kurzfristigen Bewertungsrückgang vermutlich gar nicht ausnutzen könnte. Deswegen ist es für mich wichtig, mir noch weitere Quellen für Anlageideen zu erschließen. Eine gute Quelle hierfür sind Dividenden-ETFs und -Fonds. Ich hatte ja schon an anderer Stelle meine Meinung geäußert, dass ETFs für mich nur die zweitbeste Wahl sind gegenüber Einzeltiteln, aber ein gangbarer Weg, um schnell eine passable Streuung ins Depot zu bekommen und überhaupt zu starten.

Was ich an der Stelle aber noch verschwiegen habe: Dividenden-ETFs sind auch ein hervorragender Ideen-Generator! Nehmen wir als

Beispiel den Dow Jones U.S. Dividend 100 Index, der die Grundlage des Schwab US Dividend Equity ETF (US-Handelssymbol: SCHD) bildet und als einer der beliebtesten Dividenden-ETFs in den USA gilt.

Der ETF erfüllt viele Kriterien, die auch für mich wichtig sind. Die enthaltenen Unternehmen müssen einen erfolgreichen Track Record als zuverlässige Dividendenzahler mit idealerweise wachsenden Ausschüttungen besitzen. Auch die Ausschüttungshöhe hat einen Einfluss auf die enthaltenen Aktien. Am wichtigsten ist aber natürlich die Dividendenrendite. Leider sorgen die ETF-Kriterien aber auch dafür, dass erfolgreiche Unternehmen zu schnell wieder aus dem Portfolio entsorgt werden – der Fluch des Erfolges. Als Ideen-Generator ist der ETF aber dennoch sehr wertvoll.

Ein anderes Beispiel ist der iShares Emerging Markets Dividend ETF, den ich auch bereits vorgestellt habe. Wenn du dein Depot in Richtung Schwellenländer diversifizieren möchtest, dann kannst du entweder – ganz bequem – diesen ETF kaufen oder dir, wenn du Einzelaktien vorziehst, aus seiner Zusammensetzung die für dich spannendsten Kandidaten anschauen. Der ETF hält relativ gleichmäßig knapp über 100 Positionen und kann daher auch gut nach passenden Kandidaten durchsucht werden. Die Welt-Dividenden-ETFs mit bis zu 2.000 Aktienpositionen sind dagegen als Ideengeber denkbar schlecht geeignet.

Suche dir also bevorzugt ETFs aus, deren Auswahlkriterien überwiegend mit deinen übereinstimmen und die nicht unüberschaubar viele Einzelpositionen halten.

Die Weisheit der Community: Folge anderen Anlegern für spannende Ideen

Einen zeitsparenden Ansatz zur Generierung von neuen Ideen möchte ich dir noch vorstellen. Und zwar gibt es immer mehr Plattformen, die brillanten Autoren und Privatanlegern Reichweite bieten, sodass sie ihre neuen Anlageideen vorstellen und damit Geld verdienen können. Besonders herausheben möchte ich hierbei SeekingAlpha, Substack und – für den asiatischen Raum – Smartkarma.

Auf SeekingAlpha.com kann jeder Anleger eigene Artikel über Anlageideen (größtenteils US-Aktien) veröffentlichen. Macht er dies gut, wächst seine Reichweite dank einer steigenden Anzahl von Followern. Besonders reichweitenstarke Autoren starten dann häufig einen Premium-Research-Service, für dessen Inhalte eine Jahresgebühr fällig wird. Viele Autoren veröffentlichen zu Werbezwecken jedoch ihre Artikel häufig nach vier bis sechs Wochen auch im öffentlichen Bereich. Gerade bei Dividendenaktien bedeuten vier bis sechs Wochen nicht, dass eine Anlage-Idee bereits veraltet und der Kurs davongelaufen ist. Insofern ist der Basis-Zugang zu SeekingAlpha.com für dich auf jeden Fall ausreichend. Wie die Übersicht zu einzelnen Aktien dort aussieht, zeigt Abbildung 13 am Beispiel Pfizer.

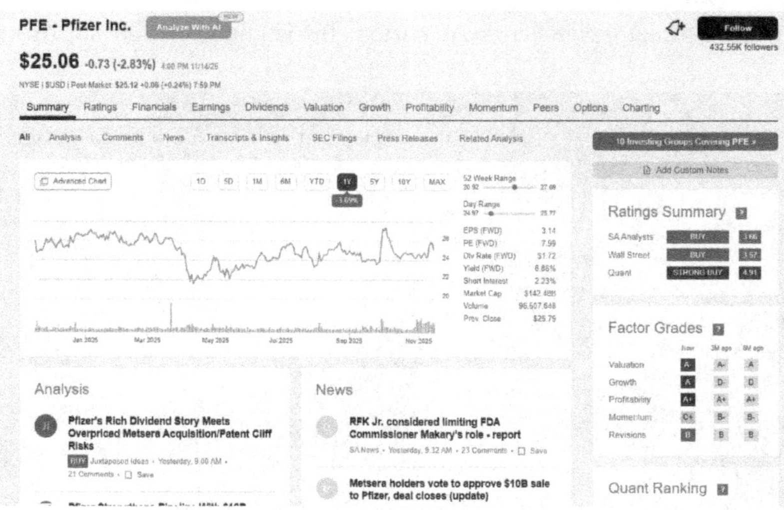

Abbildung 13: *Beispielseite auf SeekingAlpha.com. In einer praktischen Übersicht kannst du zu konkreten Aktien-Titeln auf einer Seite sehen, was andere Autoren über das Unternehmen geschrieben haben und wie das generelle Sentiment für die Aktie ausfällt.*

Du solltest aber bitte nicht blind davon ausgehen, dass auf SeekingAlpha.com alle Autoren gleich hochqualifiziert sind. Die Spanne der Autoren geht von reinen Schreibtischtätern, die massenweise Artikel schreiben, um jeden Tag ein paar Dollar zu verdienen, über clevere Privatanleger bis hin zu ehemaligen Bankanalysten und Portfolio-Managern. Solltest du dir einen Zugang zu SeekingAlpha.com kaufen, nimm dir die Zeit, möglichst vielen potenziell interessanten Autoren für eine gewisse Zeit zu folgen, bevor du ihre Anlageideen in die Tat umsetzt.

SeekingAlpha.com ist aber nicht nur beim Finden neuer Ideen hilfreich. Du kannst auch zu jeder Aktie nachsehen, ob bereits irgendein Mitglied eine Analyse zu dieser Aktie verfasst hat. So bekommst du schnell ein Bild davon, was andere Anleger von der Aktie halten. Ich finde SeekingAlpha.com sehr hilfreich und bin gerne bereit, für den Zugang den – aus meiner Sicht – moderaten Jahrespreis zu zahlen.

Auch auf Substack.com findest du viele Autoren, die ihre Anlageideen veröffentlichen. Substack wurde ursprünglich als Plattform gebaut, um es Autoren so einfach wie möglich zu machen, ihren eigenen (bezahlten) Newsletter zu starten. Inzwischen sind immer mehr

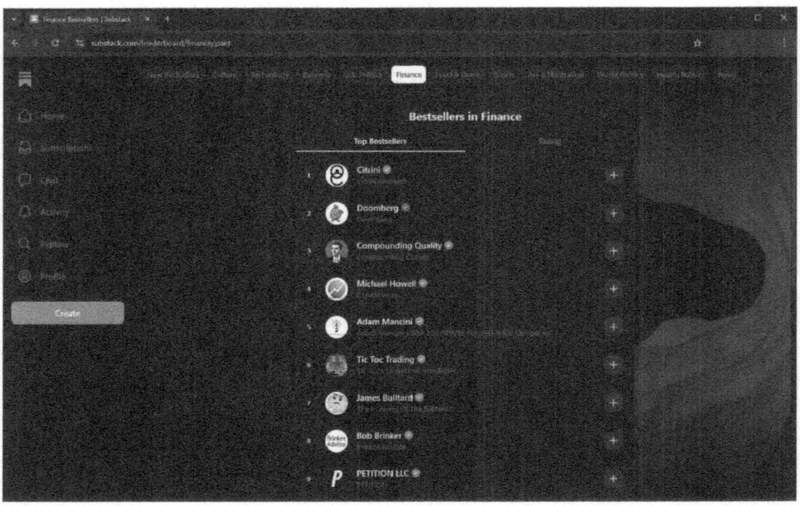

Abbildung 14: *Die Bestseller auf Substack. Die Übersicht »Bestsellers in Finance« ist ein guter Startpunkt, um deine Suche nach für dich interessanten Autoren zu beginnen.*

Community-Funktionen hinzugekommen, sodass ich Substack eher als Community denn als Newsletter-Plattform bezeichnen würde.

Um Artikel lesen zu können, musst du den gewünschten Autor zu deinem Substack Feed hinzufügen. Der Autor selbst entscheidet, ob seine Artikel kostenlos für jeden zu lesen sind oder nur gegen Bezahlung. Solltest du dich für einen Premium-Zugang zu einem Autor entscheiden, dann tu dem Autor den Gefallen und schließe das Abonnement über die Substack-Website und nicht die App ab. Wird das Abo über die App abgeschlossen, geht ein meiner Meinung nach viel zu großer Anteil der Zahlung an Apple oder Android. Ja, die Gatekeeper des App-Universums lassen sich ihre Rolle teuer bezahlen!

Leider kann man bei Substack nicht gezielt nach Artikeln zu bestimmten Aktien suchen. Es gibt zwar eine Suchfunktion, die aber auch Artikel anzeigt, wenn der Unternehmensname der gesuchten Aktie dort nur einmal nebenbei erwähnt wird. Die verschiedenen Newsletter beziehungsweise Autoren werden auch nicht nach Kategorien sortiert angezeigt. Dafür ist das Universum der gecoverten Aktien viel größer. Von US-Aktien über europäische Unternehmen bis hin zu japanischen Nebenwerten ist alles dabei. Du musst dir auch hier am Anfang die Mühe machen, potenziell interessanten Autoren für eine gewisse Zeit zu folgen. Dann siehst du am ehesten, welche Autoren für dich hilfreiche Ideen generieren und wer nicht. Abbildung 14 zeigt die Übersicht über die Bestseller, also die beliebtesten Autoren auf Substack.

Smartkarma ist eine Plattform, die sich vom Aufbau näher an SeekingAlpha.com befindet, mit dem Unterschied, dass hier nur professionelle Analysten ihre Analysen veröffentlichen. Deswegen gibt es für Smartkarma auch keinen kostenlosen Zugang. Smartkarma ist dann eine gute Ergänzung für dich, wenn du auch hochwertige Analysen zu Nebenwerten aus dem asiatischen Raum lesen möchtest. Hier ist Smartkarma besonders stark aufgestellt. Für westliche Aktienanalysen nutze ich die Plattform weniger.

Insgesamt ist mein Eindruck, dass die Qualität der Analysen auf Smartkarma höher ist – allerdings eben mit der genannten geografischen Einschränkung. Das liegt vermutlich daran, dass auf Smartkarma nicht die Devise gilt: Wer viel schreibt, verdient viel. Vielmehr tritt Smartkarma an bestehende Research-Anbieter heran und schließt mit ihnen Deals für eine Zweitveröffentlichung ab. Mit dieser Anmerkung möchte ich aber nicht die Qualität auf SeekingAlpha.com abwerten: Auch hier gibt es sehr gute Analysten; man muss nur aufgrund der hohen Anzahl von Veröffentlichungen etwas länger danach suchen. Wie bei Smartkarma das Dashboard aussieht, zeigt Abbildung 15.

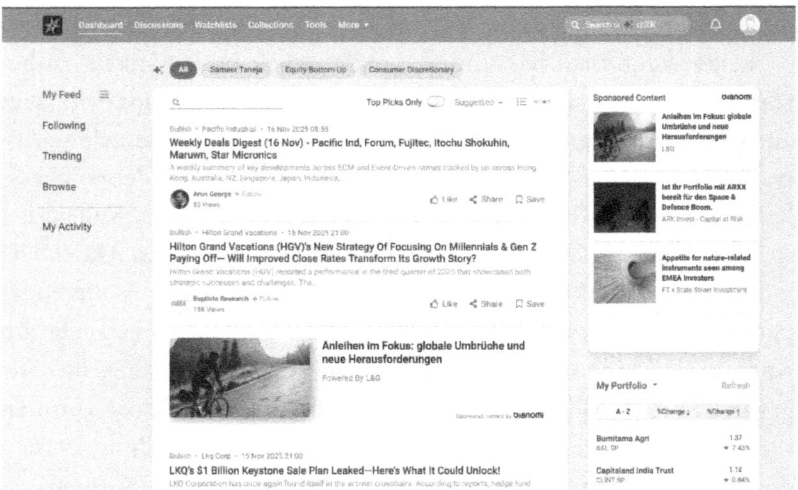

Abbildung 15: *Meine Smartkarma-Favoriten auf einen Blick. In der obigen Einstellung sehe ich sofort, welche neuen Analysen meine Lieblingsanalysten veröffentlicht haben.*

Die drei oben genannten Plattformen sind mir wirklich eine große Hilfe, wenn es darum geht, neue Anlageideen zu generieren. An dieser Stelle möchte ich auch noch mal ein grundsätzliches Wort zur Generierung von Anlageideen mithilfe von Drittquellen verlieren.

Ich habe überhaupt kein Problem damit zuzugeben, dass ich einen Großteil meiner Investments auf diesem Weg gefunden habe. Mithilfe von Aktien-Screenern und der Analyse von ETFs finde ich tatsächlich einen kleineren Teil – einfach, weil es viel zeitaufwendiger ist. Und hier komme ich zu einem wichtigen Punkt, der sich wie ein roter Faden durch mein heutiges Anleger-Leben zieht: Ich möchte mein Depot einfach möglichst effizient managen, um mich um andere schöne Dinge in meinem Leben zu kümmern!

Aber Achtung: Sich von den Analysen Dritter inspirieren zu lassen heißt nicht, deren Empfehlungen blind zu vertrauen. Dank der Arbeit der Autoren und Analysten, denen ich folge, bekomme ich eine sehr gute Vorauswahl an Ideen geliefert, von denen ich weiß, dass diese grundsätzlich interessant für mich sein könnten. Die Kunst besteht dann darin, genau die herauszufiltern, die zum betreffenden Zeitpunkt perfekt in mein Depot und meine Anlagestrategie passen. Diese Arbeit muss ich selbst leisten.

Portfoliomanagement: Jederzeit alles im Blick

Mit den oben vorgestellten Tools und Quellen findest du neue Investmentideen und kannst beim regelmäßigen Review auch beurteilen, ob deine bestehenden Investments noch deinen Kriterien entsprechen. Was dir dort aber fehlt, ist ein Überblick für dein gesamtes Depot.

Hier habe ich schon verschiedene Anbieter getestet und habe dazu jeweils eine gute und eine schlechte Nachricht für dich. Die schlechte Nachricht lautet: Keiner der Anbieter ist perfekt, bei allen muss man zumindest ein wenig nacharbeiten. Die gute Nachricht: Es ist gleichgültig, welchen der vorgestellten Anbieter du verwendest: Alle sind dennoch eine große Hilfe dabei, dein Depot beziehungsweise deine Depots zu beobachten.

Bevor ich meine beiden getesteten Optionen mit ihren Vor- und Nachteilen vorstelle, erläutere ich noch kurz, wozu ich einen Portfolio-Tracker überhaupt verwende. Ein Portfolio-Tracker zeichnet sich dadurch aus, dass ich an einer Stelle auf einen Blick alle meine Depots überwachen kann. Neben der Performance (wobei für mich hier nur der Total Return, also die Rendite inklusive Dividenden und nicht die Kursentwicklung, entscheidend ist) und den Nachrichten über Dividendenausschüttungen gibt es noch einen viel wichtigeren Faktor: Ich kann die Gewichtung und die Dividendenrendite meiner einzelnen Investments in meinen Depots überwachen. Und natürlich gilt das auch für die Gewichtung meiner Depots (Dividendenaktien, REITs, Fixed Income) im Vergleich zueinander.

Die Gewichtung und aktuelle Dividendenrendite sind sehr wichtig für meine weiteren Entscheidungen im Portfoliomanagement. Sie entscheiden darüber, bei welchen Aktien ich erhaltene Dividenden reininvestiere. So suche ich bevorzugt nach aktuell untergewichteten Aktien mit überdurchschnittlicher Dividendenrendite, um hier freies Kapital zu reinvestieren. Außerdem sehe ich mit einem Portfolio-Tracker auf einen Blick, wie hoch mein Dividenden-Cashflow aktuell schon pro Monat ausfällt.

Ich möchte im Folgenden die Anbieter DivviDiary (divvydiary.com/de) und Snowball Analytics (snowball-analytics.com) vorstellen, welche ich beide bereits intensiv benutzt habe und daher auch beurteilen kann.

DivviDiary ist der perfekte Portfolio-Tracker für den Einstieg. Wie der Name verrät, ist das Angebot für Dividendensammler entwickelt worden und bietet daher allerlei praktische Features wie einen Dividendenkalender (wann bekommst du im laufenden Monat von welchen Unternehmen Dividende und in welcher Höhe?) und auch eine Dividendenprognose für die nächsten zwölf Monate an.

Auf der Seite für den Depot-Überblick findest du viele wichtige Infos zu deinen Positionen auf einen Blick. Exemplarisch zeige ich dies einmal in Abbildung 16 an einem Modell-Portfolio (nicht mein echtes Depot!), welches ich in DivviDiary erstellt habe.

Oben kann ich anhand der Angaben »Dividendenrendite auf den Depotwert« und »jährliche Brutto-Dividende« schnell überblicken, ob das entsprechende Depot meine Erwartungen im Ganzen erfüllt. Unten bei den Einzelpositionen interessieren mich vor allem die »Dividendenrendite« und der »Wert«, also die Gewichtung im Depot. So kann ich untergewichtete Positionen mit hoher Dividendenrendite schnell identifizieren.

Abbildung 16: *Die DivvyDiary-Depotübersicht mit den wichtigsten Fakten auf einen Blick. Auf dieser Website kannst du oben schnell und einfach die aktuelle Dividendenrendite und den erwarteten jährlichen Cashflow ablesen. Unten findest du Details zu den einzelnen Positionen.*

Oben links im Menü findet sich noch der »Dividendenkalender«. Hier kann ich sehen, von welchen Unternehmen ich im laufenden Monat noch Dividende bekomme und in welcher Höhe. Die weiteren Community-Funktionen (z. B. »Anleger, die deine Aktie X besitzen, haben auch folgende Aktie Y im Depot«) habe ich eher weniger genutzt. Wie ich mir Inspiration für neue Anlageideen hole, habe ich ja bereits ausgiebig erklärt.

Hin und wieder kann es vorkommen, dass ein exotisches Wertpapier – gilt insbesondere für neue Preferred Shares oder Baby Bonds – noch nicht in der Datenbank vorhanden ist. Solange ein Instrument börsennotiert ist, konnte mir der Support jedoch noch jedes Wertpapier finden und hinzufügen. Für Anleihen gilt dies leider nicht, da sie häufig nicht über die geläufigen Börsenplätze gehandelt werden. Du kannst dir zwar eigene Zinsanlagen basteln; ich habe von dieser Funktion aber nicht Gebrauch gemacht. Denn mit einer einmaligen

Erstellung wäre es nicht getan. Du müsstest auch die Kurse von Hand immer wieder aktualisieren.

Kommen wir zum größten Nachteil von DivvyDiary: Das Hinzufügen von neuen Investments funktioniert über die Eingabemaske gut und so einfach, dass man schnell loslegen und ein erstes Depot einpflegen kann. Allerdings muss man dies alles von Hand machen. Das mag bei einem langfristig orientierten Depot mit 20 Werten okay sein. Bei 50 oder mehr Werten, verteilt über mehrere Depots, ist mir die manuelle Aktualisierung aber zu anstrengend geworden, und deshalb bin ich zu Snowball Analytics gewechselt.

Snowball ist im Setup etwas komplexer, hat aber den großen Vorteil, dass du viele große Broker direkt mit Snowball verbinden kannst und dann sowohl die Positionen als auch die Cash-Bestände täglich automatisch aktualisiert werden. Das Dashboard von Snowball Analytics (siehe Abbildung 17) empfinde ich als noch übersichtlicher, der Funktionsumfang ist größer als bei DivviDiary. Allerdings muss ich fairerweise sagen, dass ich die meisten zusätzlichen Funktionen (wie z. B. eine Ausbalancierung des Portfolios) bisher noch nie verwendet habe.

Auch Snowball unterstützt Anleihen nur teilweise. Wie bei DivviDiary müssen Zinskupon, Zinszahlungen usw. von Hand angegeben werden. Allerdings kann man hier bei Snowball komplexere Cashflows (z. B. quartalsweise Zinszahlungen) abbilden. Der wirklich große Pluspunkt bei den Anleihen liegt aber darin, dass die Positionen von Snowball beim Import zumindest erkannt und die Kurse dafür auch aktualisiert werden. Wenn du die Zinsdetails für eine neue Anleihe einmal eingetragen hast, dann funktioniert der Rest automatisch von allein.

Snowball Analytics kommt meiner Meinung nach einem vollautomatischen Portfolio-Tracker so nahe wie nur möglich und bietet übrigens auch eine App-Version, sodass du dein Portfolio auch von unterwegs beobachten kannst. Und das zu einem Preis, der mit aktuell weniger als 150 Euro im Jahr nur unwesentlich über dem von DivviDiary liegt.

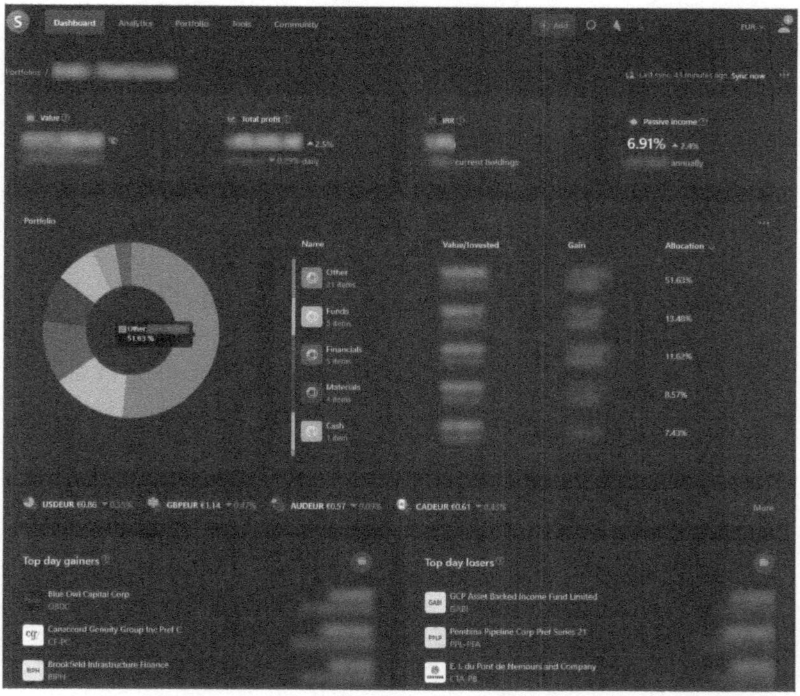

Abbildung 17: ***Das Dashboard von Snowball Analytics. Neben der Rendite und dem erwarteten Cashflow bekommst du auf einen Blick auch Informationen zur aktuellen Depot-Gewichtung, zu anstehenden Dividendenzahlungen und zu den Positionen, die sich am stärksten bewegt haben.***

Nach so viel Lob muss ich aber doch noch einmal den Finger in die Wunde legen. Denn auch Snowball funktioniert nicht reibungslos automatisch. Die Verbindung mit deinem Broker kann urplötzlich Fehler produzieren mit dem Ergebnis, dass die Synchronisation aus dem Takt kommt und du die Verbindung neu aufbauen musst. Ich hatte in der Vergangenheit auch schon das Problem, dass eine neue Position nicht automatisch im Depot auftauchte. Auch hier konnte nur ein Neu-Import des betroffenen Depots helfen.

Eine besondere Herausforderung stellen die Cash-Bestände da. Das gilt vor allem dann, wenn du deinen Cash in mehreren Währungen hältst, wie das bei Interactive Brokers häufig der Fall ist. Zur Berechnung deines aktuellen Cash-Bestands bietet Snowball Analytics zwei Optionen.

- Option 1: Der Bestand wird rückwärts aus allen bisher durchgeführten Transaktionen, Ein- und Auszahlungen berechnet. Das hat bei mir noch nie funktioniert.
- Option 2: Die einzelnen Cash-Transaktionen im Depot werden ignoriert, und Snowball übernimmt einfach die aktuellen Cash-Werte aus deinem Depot. Das funktioniert für deine Basiswährung im Depot (vermutlich Euro) gut, für alle weiteren Währungen sind die Angaben aber nicht immer zu 100 Prozent korrekt.

Ich muss allerdings anmerken, dass die Fehler und Ungenauigkeiten im Laufe der Zeit weniger geworden sind, wie ich feststelle. Wenn du dieses Buch liest, könnte ein Teil meiner Kritik bereits gegenstandslos sein. Trotzdem solltest du von Zeit zu Zeit einen schnellen Check machen, ob das bei Snowball gezeigte Depot (inklusive der Cashbestände) noch dem Original-Depot entspricht!

Welcher der beiden Anbieter ist nun der richtige für dich? Aufgrund des deutlich höheren Automatisierungsgrades bekommt Snowball meine Stimme. Für den Einstieg oder den Fall, dass dein Broker derzeit von Snowball noch nicht unterstützt wird, ist DivvyDiary.com aber eine sehr gute Alternative. Außerdem ist hier das erste Depot komplett gratis ist, bei Snowball Analytics sind nur zehn Positionen in der Gratis-Variante möglich. So kannst du erst einmal unkompliziert und günstig einen Portfolio-Tracker testen und dir dann deine eigene Meinung bilden. Wenn du dann ein größeres oder gar mehrere Depots besitzt, kannst du immer noch zu Snowball Analytics wechseln.

Behalte stets den Überblick mit Kalender, individuellem News-Feed und Alerts

Natürlich kannst du deine Portfolio-Entscheidungen nicht nur danach treffen, wie viel Rendite eine Aktie gerade abwirft und wie hoch die aktuelle Gewichtung in deinem Depot ist. Wenn eine Aktie fällt, dann sinkt logischerweise auch die Gewichtung im Depot. Wenn du nun wahllos einfach immer in untergewichtete Aktien reinvestierst, dann reinvestierst du auch immer wieder mal in die Verlierer in deinem Depot.

Temporäre Herausforderungen wie ein enttäuschendes Quartalsergebnis sind häufig gute Nachkaufgelegenheiten. Du willst aber nicht in Unternehmen mit strukturellen und nachhaltigen Schwierigkeiten investieren, weil dann früher oder später eine Kürzung der Dividende die logische Konsequenz ist.

Um solche Verlierer zu meiden, musst du über die aktuellen Entwicklungen bei deinen Unternehmen auf dem Laufenden bleiben. Dazu gehört vor allem ein Blick in die Quartalszahlen, so wie ich es dir im Kapitel zum Depotaufbau bereits erklärt habe. Doch auch über andere Nachrichten zum Unternehmen solltest du dich auf dem Laufenden halten. An dieser Stelle soll es jetzt aber nicht darum gehen, wie du diese auswertest, sondern wie du die Quartalszahlen und sonstigen News möglichst lückenlos, aber auf zeiteffiziente Art und Weise geliefert bekommst.

Um sicherzugehen, dass ich weder Quartalszahlen noch sonstige News verpasse, setze ich mehrere Tools ein.

In diesem Kapitel habe ich dir Koyfin.com schon vorgestellt. Koyfin.com hat einen »Earnings Calendar«, also einen Kalender, der auflistet, wann welches Unternehmen seine Geschäftszahlen veröffentlicht (siehe Abbildung 18). Diesen Kalender kannst du auch separat für jedes einzelne Depot anzeigen lassen, was dir einen noch besseren Überblick verschafft. So verpasst du nie, wann eines deiner Portfoliounternehmen Zahlen meldet.

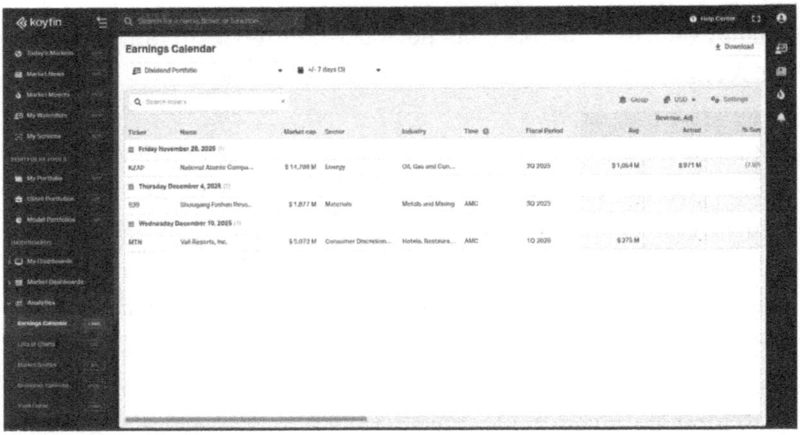

Abbildung 18: *Geschäftszahlenkalender auf Koyfin.com. In der obigen Einstellung sehe ich die Termine für Geschäftszahlen meiner Portfoliounternehmen in den letzten und nächsten sieben Tagen. Falls verfügbar, zeigt mir Koyfin.com auch noch die Analystenschätzungen an.*

Über die Watchlist-Funktion von Koyfin.com (siehe Abbildung 19) kann ich mir auch auf einen Klick anschauen, über welches meiner Portfoliounternehmen gerade berichtet wurde beziehungsweise welches Unternehmen selbst News veröffentlicht hat. Und ich finde an dieser Stelle auch die neuesten Gesprächsprotokolle von den Analysten-Calls, die meistens zur Präsentation der Geschäftszahlen abgehalten werden.

Für nordamerikanische Unternehmen ist die News-Versorgung über Koyfin.com vollkommen ausreichend. Für europäische und asiatische Unternehmen ist die Datenlage dagegen häufig etwas dünn. Für diese Unternehmen nutze ich zusätzlich Google Alerts (www.google.de/alerts), um Medienberichte und Pressemitteilungen meiner Portfoliounternehmen nicht zu verpassen.

Das funktioniert bei den meisten Unternehmen sehr gut, nur bei kleineren asiatischen Unternehmen habe ich manchmal immer noch eine lückenhafte Informationsversorgung. Aber über den »Earnings Calendar« weiß ich zumindest, wann die Quartalszahlen des jeweiligen Unternehmens veröffentlicht werden, und kann dann die Informationen dazu direkt auf der Unternehmenswebseite suchen.

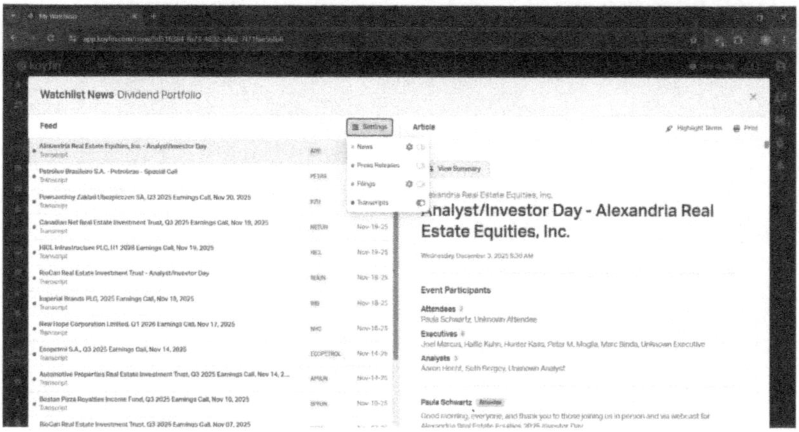

Abbildung 19: ***Watchlist/Portfolio-News auf Koyfin.com. Hier kannst du gezielt für dein Depot auch nach Filings, Gesprächsprotokollen (Transcripts) oder Pressemeldungen deiner Unternehmen suchen.***

Ja, ich würde auch lieber über eine einzige Plattform die gesamte Newsversorgung erledigen, aber eine solche habe ich im Preissegment für Privatanleger noch nicht gefunden. Solltest du einen solchen Anbieter kennen, dann schreib mir bitte unbedingt!

Damit ist mein Überblick über die Tools für ein effizientes Portfolio-Tracking nach meinem aktuellen Wissensstand abgeschlossen. Es gibt aber im modernen Portfoliomanagement auch für private Anleger einen neuen, mächtigen Helfer, der dir helfen wird, enorm viel Zeit zu sparen: die künstliche Intelligenz. Und genau darum geht es im nächsten Kapitel.

KI-Assistenten: So profitierst du als Dividendeninvestor von ChatGPT & Co.

Im ersten Entwurf dieses Buchs war dieses Thema noch ein Unterabschnitt des Kapitels »Hilfsmittel und Tools für Dividendeninvestoren«. Doch bei jeder Korrekturschleife wurde dieser Abschnitt länger und länger. Zudem spielt die künstliche Intelligenz auch eine immer wichtigere Rolle in meinem regelmäßigen Portfoliomanagement. Allerdings gibt es da klare Grenzen; KI ist keine eierlegende Wollmilchsau beim Investieren – und kann Anleger zudem auch ganz schön in die Irre führen!

Du siehst schon: In einem Abschnitt lässt sich das Thema KI-Assistenten nicht abhandeln. Deshalb widme ich diesem Aspekt nun ein eigenes Kapitel.

Wobei ChatGPT wunderbar helfen kann und wofür ich es nicht verwende

Bevor wir konkret einsteigen, möchte ich zunächst einmal deine Erwartungen justieren. Wobei kann KI für dich wertvolle Unterstützung sein und zur Zeitersparnis beitragen? Und welche Aufgaben solltest du lieber selbst übernehmen?

KI kann überall da eine große Hilfe sein, wo es darum geht, wohldefinierte Prozesse zu automatisieren. Dazu gehört zum Beispiel die regelmäßige Analyse der Gesprächsprotokolle von Analysten-Calls. Diese müssen nicht nur herausgesucht werden, sondern sie sind auch zu lang. ChatGPT erledigt den Job wunderbar, diese für mich zusammenzufassen und auf das Wesentliche zu beschränken (ein konkretes Beispiel dazu folgt in diesem Kapitel). Das Gleiche kannst du auch mit Quartalszahlen von Unternehmen machen.

Wenn ich ein neues interessantes Unternehmen gefunden habe, nutze ich ChatGPT auch dazu, um mir ein Kurzprofil über das Unternehmen erstellen zu lassen, welches die für mich wichtigsten Kennzahlen enthält. Von der Qualität her kann das Ergebnis durchaus mit dem eines Junior-Analysten einer Bank mithalten. Für mich als Privatanleger, der zudem nicht unglaublich tief in die Zahlen eines Unternehmens einsteigen muss, ist das mehr als genug.

Was ich aber nach wie vor selbst übernehme, ist die konkrete Bewertung von Information und die Entscheidung darüber, welche Rückschlüsse ich daraus ziehe. Denn ChatGPT könnte mir hierzu zwar eine Meinung abgeben, aber ich warne davor, diese einfach so zu übernehmen. Warum? Die KI ist leider noch nicht sehr gut darin, zu erkennen, wenn die eigene Informationslage zu dünn ist, um informierte Entscheidungen zu treffen. Darum kann es passieren, dass du Beurteilungen bekommst, die auf den ersten Blick absolut logisch und nachvollziehbar wirken, auf den zweiten Blick aber auf einer falschen Interpretation von Fakten beruhen.

Die Entwicklung der KI ist heute so rasant, dass diese Einschätzung von mir schon in einem halben Jahr überholt sein mag. Aktuell ist es aber so, dass KI im Portfoliomanagement und bei der Recherche zu neuen Ideen zu einer großen Zeitersparnis führen kann. Alles darüber hinaus solltest du aber nach wie vor selbst entscheiden.

Präzise Fragestellungen sind das A und O für hilfreiche KI-Antworten

Bevor wir in die Details einsteigen, möchte ich dir kurz noch einmal erklären, wie ein KI-Modell aufgebaut ist und was es dabei unbedingt zu beachten gilt, damit du gute Ergebnisse erhältst. Gleichgültig, ob du ChatGPT, Claude oder Gemini verwendest: Stets hast du eine Eingabemaske, in die du deinen Befehl oder deine Frage an die KI eingeben kannst. Diesen Befehl beziehungsweise deine Frage an die KI nennt man in der Fachsprache »Prompt«.

Wenn du deinen Prompt abschickst, denkt die KI nach und antwortet dir dann. Hierbei gilt das Motto: »Wie man in den Wald hineinruft, so schallt es heraus.« Wenn die KI deine magische Blackbox ist, so ist der Prompt dein Zauberspruch. Wie du es aus vielen Filmen und Hörspielen vielleicht kennst: Der Unterschied, ob der Zauber etwas Eindrucksvolles hervorbringt oder dir nur eine hässliche Kröte in die Hand legt, liegt in der Wortwahl des Zauberspruchs. Es ist also essenziell, die richtigen Fragen zu stellen, um qualitativ hohe Antworten zu erhalten. Damit dir dies jedes Mal gelingt, verrate ich dir gleich mein Grundgerüst, an dem ich mich bei Erstellung eines jeden neuen Prompts für komplexere Aufgabenstellungen orientiere. Wenn ich dann jeden Punkt berücksichtige, weiß ich, dass ich zumindest nichts essenziell Wichtiges im Prompt vergessen und damit schon einmal 80 bis 90 Prozent der möglichen Fehler vermieden habe.

So sieht mein Grundgerüst aus:

- Situation: Du musst deiner KI genügend Hintergrundinfo für deinen Task geben, dann wird das Ergebnis besser. In unserem Fall wäre dies zum Beispiel »Du hörst gerade dem Earnings Call Q1 2025 von Microsoft zu«.
- Rolle: Wichtig für die KI ist auch, dass sie weiß, welche Rolle sie einnehmen soll. »Du bist ein Equity Analyst bei einer Investment Bank« wird ein anderes Ergebnis bringen, als »Du bist ein investigativer Journalist«. Die KI-Modelle sind inzwischen sehr gut darin, verschiedene Rollen einzunehmen. Aber du musst ihnen sagen, welche Rolle das sein soll.
- Erwartung: Mit einer Formulierung wie zum Beispiel »hilfreiche Analyse« überlässt du der KI zu entscheiden, welchen Fokus, Umfang und Detaillierungsgrad eine Antwort haben wird. Am besten definierst du selbst, was du unter einer für dich guten Analyse verstehst.
- Zielgruppe: Lass die KI wissen, für welche Zielgruppe die Antwort gedacht ist. Etwa für einen Analysten, der auch Wert auf Details legt? Oder doch eher für einen bequemen Privatanleger wie mich, der nach dem Pareto-Prinzip am liebsten nur Bullet Points lesen möchte?
- Input: Gib der AI – wenn möglich – konkreten Input, zum Beispiel durch Angabe einer URL oder durch das Hochladen von Datei-

en. Bei einer Marktanalyse geht das eher nicht, aber wenn du die letzten Quartalszahlen eines Unternehmens analysieren möchtest, dann schon.

- Grenzen setzen: Ein solches Limit wäre beispielsweise »Triff keine Annahmen über die Aussagen des Managements hinaus«.
- Format: Definiere, in welcher Struktur und welchem Format du das Ergebnis einer Aufgabe bekommen möchtest. Ein konkretes Beispiel dazu findest du weiter hinten in diesem Kapitel.

Wenn du deinen Prompt erstellt hast, schau abschließend noch einmal, ob du alle hier genannten Punkte berücksichtigt hast und abhaken kannst. Wenn das der Fall ist, bist du auf einem guten Weg.

Achtung Fallstricke: Hier führt dich die KI hinters Licht

Wie ich dir schon angedeutet habe, gibt dir die KI immer eine gut klingende Antwort. Der tatsächliche Wert dieser Antwort kann jedoch sehr hoch oder verschwindend gering sein. Das liegt daran, dass die KI von allein nie sagen würde: Auf Basis unzureichender Informationen von dir traue ich es mir nicht zu, eine Aussage zu treffen. Die KI möchte dich zufriedenstellen – und das hat auch noch weitere, gefährliche Implikationen.

Wenn deine Frage bereits wertend gestellt ist, wird dir dein KI-Modell mit großer Sicherheit eine Antwort liefern, die deine Sicht bestätigt und bestärkt. Wenn du die Frage »Begründe mir, warum Nvidia auf dem heutigen Kurs immer noch viel zu billig ist« stellst, wirst du eine entsprechende Antwort bekommen, die dich sofort zu einer Kauf-Order animieren dürfte. Wenn du die KI nicht neutral fragst, wirst du nie eine Antwort bekommen wie: »Nvidia ist schon eine tolle Aktie, aber es gibt auch folgende Gründe, warum der Aktienkurs großes Abwärtspotenzial besitzt«. Jedes KI-Modell wird dir gewissermaßen nach dem Mund reden, wenn du es nicht explizit aufforderst, genau das nicht zu tun.

Die folgenden Fallstricke sind für dich besonders relevant, wenn du KI für Investment- und Börsenthemen einsetzt:

Vermeide Prompts, die lediglich auf eine Bestätigung deiner Meinung abzielen. Das ist genau der gerade angesprochene Fall von »Erkläre, warum Nvidia gerade unterbewertet ist und in den nächsten zwölf Monaten besser als der Marktdurchschnitt performen wird«.

Eine deutlich realistischere Antwort bekommst du dagegen mit dem folgenden Prompt: »Analysiere mir Nvidia als potenzielles Investment und präsentiere mir sowohl positive als auch negative Fakten, die für beziehungsweise gegen ein Investment sprechen.« Dieser Prompt ist noch nicht vollständig, aber du verstehst sicherlich, wohin die Reise gehen muss.

Verifiziere immer die Quellen für Zahlen und Bewertungen. Mit der Frage »Wie hoch ist das aktuelle KGV von Nvidia und wie hoch das jährliche Umsatzwachstum?« wird die KI dir nicht verraten, ob sie die Antwort aus der Bloomberg-Datenbank gezogen hat oder aus einem privaten Blog, wo der Autor sich noch verrechnet hat. Es ist auch gut möglich, dass du zwar korrekte, aber veraltete Zahlen bekommst.

Um nicht in diese Falle zu tappen, solltest du in deinem Prompt erwähnen, dass du die aktuellsten Zahlen bekommen willst und das die KI seriöse Quellen wie Bloomberg oder Yahoo Finance verwenden soll. Um ganz sicherzugehen, lässt du dir am besten jeweils noch das Datum und die Internet-URL der Quelle einer Information ausgeben.

Strebe eine Balance zwischen Revolution und Altbewährtem an: Wir alle wünschen uns, dass KI uns die nächste Nvidia vor ihrem Bekanntwerden zeigt. Und kein Problem: Die KI wird dir Kandidaten liefern. Mit dem Prompt »Nenne mir zehn heute noch unbekannte Quantum-Aktien, welche das Potenzial haben, so gut oder noch besser als Nvidia zu performen« wirst du eine Liste bekommen, die sich für dich wie aus einer Schatzkiste liest. Die KI wird dir aber nicht verraten, ob einige der Unternehmen auf der Liste vielleicht unmittelbar vor der Insolvenz stehen oder gegebenenfalls viel zu hoch bewertet sind. Auch wird die KI keine Aussage dazu treffen, welches Hauptprodukt sie eigentlich haben.

Folgender Prompt könnte da Abhilfe schaffen: »Nenne mir zehn wenig bekannte börsennotierte Unternehmen aus dem Quantumsektor (Marktkapitalisierung: 100 Mio. bis 1 Mrd. US-Dollar), die mindestens 20 Prozent Umsatzwachstum pro Jahr aufweisen, Cashflow-positiv sind und ein maximales KGV von 30 besitzen. Beschreibe mir außerdem das Kernprodukt jedes einzelnen Unternehmens und das geschätzte Marktpotenzial für dieses Produkt.«

Damit setzt du der KI bewährte Leitplanken, innerhalb derer das KI-Modell für dich neue, vielversprechende Kandidaten suchen darf.

Die drei vorgestellten Fallstricke sind die geläufigsten, aber nicht die einzigen, in die du tappen kannst, wenn du KI-Modelle für dein Depotmanagement einsetzt. Im folgenden Abschnitt möchte ich dir deshalb noch ein paar allgemeine Best Practices für die Prompt-Erstellung mitgeben, mit denen du vermeidest, dass die KI ihre Antworten für dich mit falschen Fakten oder abenteuerlichen Annahmen ausschmückt.

Mit diesen Best Practices im Prompting bleiben die KI-Antworten nah an der Wahrheit

Du hast bereits gelernt: Der beste Garant für zuverlässige und hilfreiche Antworten liegt darin, der KI möglichst genau zu sagen, welche Struktur die Antwort haben soll. Dazu habe ich dir ein Korsett gegeben, an welchem du dich zu jeder Aufgabenstellung orientieren kannst.

Indem du die folgenden Best Practices in deinem Prompt zusätzlich berücksichtigst, stellst du sicher, dass die Antwort auch inhaltlich innerhalb der von dir gesetzten sinnvollen Grenzen erstellt wird:

- Lass die KI die verwendeten Daten immer mit einem Zeitstempel und einer Quelle versehen. So stellst du ganz schnell fest, wie aktuell und glaubwürdig die Daten sind, auf deren Basis die KI ihre Analysen erstellt.

- Lege konkrete Filter fest, damit du eine Antwort erhältst, die dir auch wirklich weiterhilft. Filter können sein: Marktkapitalisierung, Cashflow-positives Geschäft, KGV, Dividendenrendite, Dividendenwachstum usw.
- Stelle sicher, dass die KI dir beide Seiten, also positive und negative Fakten, präsentiert und nicht nur deine Einschätzung bestätigt. Was ich gerne mache: Ich nehme Bezug auf die negativen Fakten und bitte die KI, gegen meinen positiven Investment Case zu argumentieren.

Ein Modell-Prompt, welches nicht nur die grundlegende Hygiene berücksichtigt, sondern die KI auch in sinnvolle Schranken weist, könnte wie folgt aussehen:

»Ich möchte potenzielle Investments im Bereich [Branche/Thema] recherchieren. Bitte:

- *Präsentiere mir positive und negative Argumente, inklusive Schlüsselrisiken und mögliche Katalysatoren.*
- *Nutze die aktuellsten verfügbaren Daten von vertrauenswürdigen Quellen wie Bloomberg, Reuters, Fact Set, 10-K/10-Q, Edgar.Gov und vergleichbar hochwertige Quellen, und nenne zu allen Daten das jeweilige Datum sowie die verwendete Quelle.*
- *Verwende bei deiner Auswahl von potenziellen Investmentkandidaten die folgenden Kriterien: [Bewertung, Wachstumsrate, Margen, Payout-Ratio, …]*
- *Berücksichtige sowohl etablierte Unternehmen als auch aufstrebende Player und liefere mir Argumente auf Basis erprobter Investment-Strategien [z. B. Value Investing], warum diese Unternehmen potenziell interessante Investmentkandidaten sind.*
- *Kennzeichne jede Unsicherheit oder unzureichende Datenlage, sodass ich weiß, wo eine weitere manuelle Verifizierung deiner Thesen notwendig ist.*
- *Fälle dein Urteil und deine Auswahl nur auf Basis belegbarer Fakten. Versuche nicht, Fakten über die vorhandene Datenlage hinaus zu interpretieren.*

Dieser Modell-Prompt ist noch beliebig weiter ausbaubar und hat auch noch keinerlei Aussagen dazu getroffen, wie du den Output strukturiert haben möchtest, wer die Zielgruppe ist usw. Du hast damit aber schon ein gutes Gerüst in der Hand, mit dem du dir einen individuellen Prompt zur Recherche neuer Investmentideen in einem Land, Sektor oder nach einem sonstigen Thema erstellen kannst.

Case Study: Zusammenfassung von Earning Transcripts mit ChatGPT

Für Aktien aus den USA und Kanada – teilweise auch Europa – gibt es fast immer eine Telefonkonferenz nach Veröffentlichung der Quartalszahlen, in der Analysten und andere Investoren ihre Fragen stellen können. Diese Telefonkonferenzen werden aufgezeichnet und in Form sogenannter »Earnings Transcripts«, also Protokolle, verschriftlicht.

Diese Protokolle sind eine Fundgrube für wertvolle Informationen, die sich im Quartalsbericht in dieser Klarheit so nicht unbedingt finden lassen. Wenn du die Protokolle zu deinen Unternehmen liest, bist du in der Regel noch einmal deutlich besser informiert, als wenn du nur den Lagebericht (Management Discussion und Analysis) und das Zahlenwerk anschaust. Der Nachteil: Je nach Unternehmen können diese Protokolle sehr lang sein.

Da ich dennoch nicht auf die Informationen verzichten möchte, lasse ich mir die Protokolle inzwischen von ChatGPT zusammenfassen. Dazu verwende ich aktuell die folgende Anweisung:

»Du bist ein Equity Analyst in einer Investment Bank. Deine Aufgabe ist es, die Schlüsselerkenntnisse aus dem hiermit hochgeladenen/unter [URL] zu findenden Earnings Call des Unternehmens [Company] zu extrahieren und daraus eine vollständige und sorgfältige Zusammenfassung zu erstellen.

Die Zielgruppe dieser Zusammenfassung umfasst Analysten, Portfolio Manager und Investoren, die damit einen grundlegenden Überblick über die aktuelle finanzielle Performance, den Ausblick des Managements und etwaige Prognosen gewinnen wollen. Darüber hinaus sind auch branchenspezifische Trends oder Ereignisse, welche Einfluss auf das Unternehmen und seine zukünftige Performance haben können, für die Zusammenfassung relevant.

Mit den gelieferten Informationen in der Zusammenfassung soll die Zielgruppe dazu in die Lage versetzt werden, zu folgenden Fragen Einschätzungen abzugeben:

- *Kann die Dividendenausschüttung des Unternehmens in den nächsten Jahren erhöht werden oder bleibt sie zumindest stabil?*
- *Gibt es Risikofaktoren, welche eine zukünftige Dividendenkürzung wahrscheinlich machen?*
- *Sofern das Unternehmen aktuell nach eigenen und allgemeinen bewährten Investment-Kriterien (KGV, Buchwert, Dividendenrendite, Umsatz-/Ertragswachstum) unterbewertet erscheint: Ist ein Aktienrückkauf-Programm wahrscheinlich oder sogar schon aktiv?*

Genauigkeit hat höchste Priorität. Außerdem verwende bitte nur die Informationen, die du im hochgeladenen/unter [URL] befindlichen Dokument findest.

Deine Zusammenfassung soll wie folgt aufgebaut sein:

1. *Managementbericht:*

- *Zusammenfassung der wichtigsten Entwicklungen und Ereignisse, über die CEO, CFO oder sonstige Mitarbeiter von [Company] im Earnings Call berichten.*
- *Sollten explizite Anmerkungen zur Dividendenpolitik, zu Dividendenausschüttungen oder Aktienrückkäufen gemacht werden, fasse die Informationen dazu unter einem separaten Punkt zusammen.*
- *Sollte das Management einen Ausblick oder eine Prognose zu zukünftigen Umsätzen, Erträgen usw. getätigt haben, fasse die Informationen dazu unter einem separaten Punkt zusammen.*

2. *Analystenfragen*

- *Fasse zusammen, zu welchen Themen Analysten und Investoren die meisten Fragen ans Unternehmen stellen.*
- *Fasse zusammen, wie das Management auf diese Fragen geantwortet hat.*

3. *Chancen und Risiken*

- *Identifiziere aus dem Managementbericht und den Analystenfragen die drei relevantesten (relevant = mit großem Einfluss auf die vergangene und zukünftige Geschäftsentwicklung des Unternehmens) Themen im Earnings Call, die deiner Meinung nach einen positiven Einfluss auf die zukünftige Unternehmensentwicklung haben werden.*
- *Identifiziere analog zum vorherigen Punkt aus dem Managementbericht und den Analystenfragen die drei größten Risiken beziehungsweise Herausforderungen im Earnings Call, die einen negativen Einfluss auf die zukünftige Unternehmensentwicklung haben könnten.*

Bitte liefere mir dein Ergebnis in einer downloadbaren Word-Datei.«

Mit diesem Prompt experimentiere ich kontinuierlich weiter und schaue, ob ich noch bessere Ergebnisse bekommen kann. In einem nächsten Schritt möchte ich noch die tatsächlichen Quartalszahlen des Unternehmens einbeziehen und auf einen Blick sehen können, ob das Unternehmen nachhaltig positiven Cashflow generiert und wie viel davon als Dividende ausgeschüttet wird – also ob die Dividendenausschüttung durch Gewinne abgesichert ist oder vielleicht doch aus der Substanz gezahlt wird. Allerdings ist das nicht mein allererster Entwurf, und ich bin mir sicher, dass du damit schon eine gute Ausgangsbasis bekommst.

Wenn du selbst experimentierst, denk daran, meine vorherigen Ausführungen zur Prompt-Hygiene unbedingt zu berücksichtigen.

Mein Fazit zum Einsatz von KI

In der Zeit, als ich dieses Buch für dich geschrieben habe, hat sich dieses Kapitel unzählige Male verändert. Es wäre vermessen zu glauben, alles hier Gesagte wäre noch 1:1 aktuell, wenn du dieses Buch erst in den Händen hältst. Dazu entwickelt sich die KI derzeit zu rasant. Ich habe deshalb versucht, möglichst allgemeine Grundsätze aufzustellen, die meiner Meinung nach auch in einigen Jahren noch Gültigkeit haben werden. Auch in fünf Jahren wird gute Prompt-Erstellung noch der Schlüssel zu einem qualitativ hohen Ergebnis sein. Und wer der KI bei der Antwort zu viele Freiheiten lässt, wird auch dann noch überraschende Antworten erhalten.

Die konkreten Beispiele, wie zum Beispiel die Zusammenfassung von Earning Transcripts, werden vermutlich noch mächtiger ausgebaut werden können. Zum Beispiel so, dass sie automatisch neue Gesprächsprotokolle finden und mir die Zusammenfassungen per E-Mail zusenden. Oder dass zusätzliche Informationen in die Analyse einfließen können. Daran arbeite ich bereits heute.

In welchem Umfang lohnt sich der Einsatz von KI für dich? Die Antwort auf diese Frage hängt im starken Maße davon ab, wie weit du schon fortgeschritten bist mit deinem Depotaufbau. Wenn du gerade am Anfang deiner Börsenkarriere stehst, wird dein Portfoliomanagement noch nicht so umfangreich ausfallen. Auch wenn KI-Kenntnisse dir sicherlich nicht schaden werden, solltest du dich anfangs darauf fokussieren, dein Investmentwissen weiter auszubauen.

Wenn du dagegen mehrere Depots managst, wie ich das tue, und wenn deine Investments zudem einen Großteil deiner ökonomischen Aktivität ausmachen, dann wird dir der Einsatz von KI helfen können, viel weniger Zeit vor dem Rechner zu verbringen. In diesem Fall kann ich dir nur raten, dich schon zeitnah mit diesem Thema auseinanderzusetzen. Deine Work-Life-Balance wird es dir danken!

Dividenden und Steuern – ein genauer Blick lohnt sich

Eines der trockensten Themen habe ich bewusst für das Ende des Buches aufgespart, aber irgendwann muss ich es ja zur Sprache bringen: die Steuer! Ich habe es im Buch schon anklingen lassen – die steuerlichen Rahmenbedingungen haben einen großen Einfluss auf die Entwicklung deines Depots.

Denn natürlich ist eines klar: Je geringer deine steuerliche Last ist, desto schneller kannst du deine finanzielle Unabhängigkeit erreichen. Ich sagte aber auch bereits: Geld ist nicht alles im Leben, und für viele Leser wird es gute Gründe geben, die höhere Besteuerung in Deutschland zu akzeptieren.

Ich habe während meiner Investorenlaufbahn beide Seiten erlebt und möchte in diesem Kapitel ein paar Ratschläge geben, die ich damals als Einsteiger gerne bekommen hätte. Ich möchte allerdings vorausschicken, dass ich kein Steuerexperte bin und keine Garantie für die Richtigkeit der folgenden Informationen übernehmen kann, zumal sich diese auch im Laufe der Zeit verändern können. Wenn du es also ganz genau wissen möchtest, wende dich bitte an einen Steuerberater.

Wichtige Informationen für den Aufbau deiner Dividendenfabrik in Deutschland

Wenn du in Deutschland wohnst, dann zahlst du Kapitalertragsteuer auf deine Dividenden- und Zinseinnahmen. In Deutschland sind dies – exklusive Kirchensteuer – derzeit 26,375 Prozent. Diese Tatsache beeinflusst nicht nur den Zeithorizont deiner Ansparphase, sondern hat auch Einfluss auf dein Depotmanagement.

Lass mich dir erklären, inwiefern das der Fall ist: Im Kapitel »So baust du in drei Schritten ein robustes Dividenden-Depot auf, das dir jeden Monat Geld einbringt« erkläre ich dir, wie ich mein Depot fortlaufend auf eine maximale Ausschüttungsrendite optimiere. Im Kapitel »Meine persönliche Börsengeschichte« habe ich dir im Abschnitt »In 15 Jahren zur finanziellen Freiheit – ein konkretes Beispiel« gezeigt, dass neben deiner Sparrate die Rendite der größte Hebel für deinen finanziellen Erfolg ist. 1 Prozentpunkt pro Jahr mehr macht über 20 Jahre einen gewaltigen Unterschied. Allerdings musst du bei deiner Optimierung in Deutschland immer auch die möglicherweise anfallenden Steuern bei einem Verkauf berücksichtigen.

Der Verkauf einer Dividendenaktie kommt bei mir nur dann infrage, wenn die Ausschüttungsrendite nachhaltig unter ein für mich interessantes Niveau gesunken ist. Dazu kann es aus zwei verschiedenen Gründen kommen:

1. Die Dividendenrendite ist gesunken, weil das Unternehmen seine Dividendenausschüttung reduziert hat (hoffentlich nicht!).
2. Die Dividendenrendite ist gesunken, weil der Aktienkurs des Unternehmens gestiegen ist (dieses Problem haben wir gerne!).

Kapitalertragsteuer fällt bei einem Verkauf nur an, wenn du deine Aktien mit Gewinn verkaufen kannst. In Fall 1 ist das weniger häufig der Fall, weil ja nicht der Aktienkurs gestiegen, sondern die Dividende gesunken ist. Im Fall 2 wirst du aber regelmäßig das Problem haben, Kapitalertragsteuer zahlen zu müssen.

Beispiel: Du hast eine Aktie der ABC AG für 100 Euro gekauft und verkaufst sie heute für 200 EUR. Damit hast du einen steuerpflichtigen Ertrag von 100 Euro erzielt. Du zahlst 26,37 Euro Kapitalertragsteuer (inklusive Solidaritätszuschlag) und erhältst nur 173,63 Euro netto zurück.

Nehmen wir einmal an, dass deine Dividendenrendite auf den Aktienkurs von 200 Euro 4 Prozent betrug (= 8 Euro Ausschüttung je Aktie). Das war dir zu wenig und du hast dich zu einem Verkauf entschlossen. Nun hast du durch den realisierten Gewinn aber nur noch 173,63 Euro, die du neu anlegen kannst. Wenn du dafür wieder 8 Euro Ausschüttung bekommen möchtest, müsstest du jetzt bereits eine Rendite von 4,6 Prozent p. a. erzielen. Dann hättest du unterm Strich aber deinen Cashflow nicht erhöht und hättest den Verkauf auch sein lassen können.

Du musst also nach dem Verkauf mehr als 8 Euro Ausschüttung mit einem Investment von 173,63 EUR erzielen können, damit ein Verkauf auch sinnvoll erscheint. Hast du also eine Anlagealternative zur Hand, die dir 5 Prozent p. a. bietet, wäre ein Wechsel trotz der anfallenden Steuerzahlung sinnvoll, denn du würdest fortan deinen Cashflow von 8 Euro auf 8,66 Euro (= 173,63 x 5 Prozent) steigern.

Die vermögensverwaltende GmbH: kein Vorteil bei Dividendenausschüttungen

Wenn dein Vermögen auf 100.000 Euro und mehr anwächst, wirst du dir früher oder später Gedanken machen, ob und wie du deine Steuerlast reduzieren kannst. In Deutschland wirst du dabei zwangsläufig auf die vermögensverwaltende GmbH stoßen.

Der wesentliche Vorteil einer vermögensverwaltenden GmbH besteht darin, dass sie auf Kursgewinne nur einen minimalen Steuersatz, nämlich ca. 1,5 Prozent Steuern, zahlen muss. Deswegen hat die vermögensverwaltende GmbH den Ruf, eine tolle Spardose für Anleger zu sein, weil du hier dein Vermögen durch den Steuervorteil schneller anwachsen lassen kannst.

Freilich gilt dies nur so lange, wie du keine Ausschüttung aus deiner GmbH vornimmst. Sobald du dir als Gesellschafter eine Ausschüttung genehmigst, musst du ganz normal Kapitalertragsteuer auf diese Ausschüttung zahlen. Eine vermögensverwaltende GmbH lohnt sich grob gesagt also immer dann, wenn du in Zukunft signifikante Kapitalerträge aus Veräußerungsgewinnen erwartest und diese auch langfristig in der GmbH belassen möchtest.

Doch Vorsicht: Bei Dividendenausschüttungen gilt dieser Vorteil nicht, sofern du nicht mindestens einen Anteil von 10 Prozent an der ausschüttenden Unternehmung besitzt. Da dies regelmäßig nicht der

Fall sein dürfte, sind Dividenden ganz normal als GmbH-Ertrag steuerpflichtig. Das heißt, neben der Körperschaftsteuer fällt auch eine Gewerbesteuer an, insgesamt also derzeit rund 30 Prozent. Wenn du nun irgendwann deine Dividendenerträge an dich persönlich ausschütten möchtest, fällt noch einmal Kapitalertragsteuer an. So hast du schon im Moment der Dividendenzahlung keinen Steuervorteil und zahlst am Ende – bei Ausschüttung aus der GmbH an dich – durch die Kapitalertragsteuer sogar insgesamt mehr Steuern, als du je in Form von Einkommensteuer als natürliche Person zahlen würdest.

Eine vermögensverwaltende GmbH ist also nur dann geeignet, wenn du hauptsächlich in Wachstumswerte investierst, bei denen du signifikante Kurssteigerungen erwartest. Und selbst dann würde ich mir die Gründung einer vermögensverwaltenden GmbH zweimal überlegen. Denn außer der Steuerersparnis gibt es aus meiner Sicht für Investoren (für Trader stellt sich die Situation anders dar, aber darum geht es hier nicht) nur Nachteile: Du hast einen erhöhten Buchungs- und Verwaltungsaufwand, und neben den Gründungskosten kommen zukünftig auch jährliche Kosten im mindestens vierstelligen Bereich auf dich zu. Darüber hinaus nimmst du dir auch deine Flexibilität. Denn wenn du nun später doch einmal ins (EU-)Ausland umziehen möchtest, unterliegt deine vermögensverwaltende GmbH der Wegzugsbesteuerung. Zahlst du dagegen keine Kapitalertragsteuer, hast du ganz andere Gestaltungsmöglichkeiten.

Steuerliches Optimierungspotenzial im Ausland

Der Einfachheit halber nehme ich an, dass du in einem Land wohnst, in dem du keine Kapitalertragsteuer zahlen musst, in dem also Dividenden und Kurserträge (so gut wie) steuerfrei sind.

Zwischen der hohen Steuer in Deutschland und absoluter Steuerfreiheit gibt es je nach Wohnort sehr viele verschiedene Zwischenfälle, sodass ich hier unmöglich alle behandeln kann. Je niedriger dein Steuersatz auf Kapitalerträge, Zinsen und Dividenden allerdings ist, desto eher sind die hier beschriebenen Gestaltungsmöglichkeiten auch für dich relevant.

Ohne Kapitalertragsteuer oder sonstige Steuer auf Dividenden wird deine Depotausrichtung nicht nur von geografischen oder branchenspezifischen Besonderheiten gesteuert, sondern auch von der Frage, wo du am wenigsten oder gar keine Quellensteuer zahlst.

Falls du den Begriff Quellensteuer noch nicht gehört hast: Die Quellensteuer wird in vielen Ländern auf Dividenden erhoben, wenn eine Dividende von einem einheimischen Unternehmen an einen ausländischen Investor gezahlt wird. Dahinter steckt die Idee, dass ein Teil der sonst erhobenen Steuer durch den direkten Abzug an der Quelle (daher der Name!) dem Land erhalten bleiben soll, in dem das Unternehmen seinen Hauptsitz hat. Wenn du zum Beispiel in Deutschland wohnhaft bist, wird dir dank Doppelbesteuerungsabkommen in vielen Fällen deine im Ausland gezahlte Quellensteuer ganz oder teilweise auf deine Steuerschuld angerechnet.

Wenn du aber an deinem Wohnsitz keine Steuern zahlen musst, so ist jede Quellensteuer, die in anderen Fällen angerechnet würde, für dich eine echte Steuerbelastung. Denn du bekommst sie nicht erstattet. Was ist die Lösung? Idealerweise hast du viele Anlagen im Depot, auf die überhaupt keine Quellensteuer erhoben wird!

Und solche Anlagen gibt es tatsächlich. Denn es gibt Länder, die keine Quellensteuer erheben. Dazu gehören: Großbritannien, Hongkong und Singapur. Aber – und das ist je nach Marktlage auch immer wieder mal interessant: Auch US-amerikanische Anleihen und natürlich auch Baby Bonds sind quellensteuerfrei (US-Aktien dagegen nicht).

Jetzt kannst du dein Dividendendepot natürlich nicht allein mit Aktien aus Hongkong, Singapur und dem Vereinigten Königreich bestücken. Du solltest diese Märkte aber besonders gut anschauen, damit du wirklich alle attraktiven Dividendenaktien aus diesen Ländern mal in Betracht gezogen hast.

Eine umfassende Auflistung der Quellensteuer in verschiedenen Ländern findest du im Kapitel »Achtung Falle: Diese Fehler habe ich schon für dich gemacht«.

Fazit: Werde erst erfolgreich und denke dann über Steuer-Optimierung nach

Je größer dein Depot wird, desto wichtiger werden steuerliche Aspekte für dich. Ich möchte aber ausdrücklich davor warnen, steuerliche Überlegungen allein an den Anfang deiner Investitionsüberlegungen zu stellen. Natürlich: Die im Hinblick auf ihre Quellensteuer nachteiligen Länder solltest du von Anfang an berücksichtigen. Denn nichts hat einen schädlicheren Effekt auf deinen Vermögensaufbau, als wenn du bei jeder Dividendenausschüttung zu viel Quellensteuer zahlst, weil dir diese Zahlung im Ausland in Deutschland nicht anerkannt wird.

Alle weiteren Faktoren spielen aber erst später, bei fortgeschrittenem Depotstand, eine Rolle. Wie heißt es so schön? Um Steuern zahlen zu dürfen, muss man erst einmal etwas verdienen. Konzentriere dich am Anfang lieber darauf, möglichst viel zu verdienen und ein breit gestreutes Depot aufzubauen.

Der Weg zur finanziellen Freiheit – in drei Schritten zum Ziel

Du wirst es schon mitbekommen haben: Die ungelesenen Seiten im Buch werden immer weniger, wir befinden uns auf der Zielgeraden. Ich habe versucht, dir die Philosophie hinter meiner Dividendenfabrik so gut wie möglich zu vermitteln. Ich habe dir auch die unterschiedlichsten Anlageklassen vorgestellt, die sich in meinem Dividendendepot befinden. Wenn der Funken übergesprungen ist und du davon etwas für deine Anlagekarriere anwenden möchtest, freue ich mich. Nun liegt es an dir, die nächsten Schritte selbst zu machen.

Diese Verantwortung, die jeder aktive Privatanleger für sein eigenes Handeln übernehmen muss, musst du selbst schultern. Damit du vor dieser scheinbar übermächtigen Aufgabe nicht verzagst, möchte ich dir nach dem ganzen Detailwissen aus den vorangegangenen Kapiteln noch ein paar strategische Hinweise geben. Sie basieren auf meinen eigenen Erfahrungen und sollen dir dabei helfen, dass du das große und ganze Bild nicht aus den Augen verlierst.

Analog zum Depotaufbau sind es auch hier wieder 3 Schritte, die du nehmen musst:

1. Schritt: Ziele definieren – was bedeutet für dich finanzielle Freiheit?
2. Schritt: Notwendige Maßnahmen ableiten (wie viel Kapital benötigst du?) und auf Machbarkeit überprüfen (ggf. zurück zu Schritt 1 und Ziele anpassen)
3. Schritt: Umsetzung – diszipliniert und mit Geduld dabeibleiben

Fangen wir nun mit dem wichtigsten Schritt 1 an, der alle weiteren bestimmt.

Was bedeutet finanzielle Freiheit?

»Wenn ich finanziell unabhängig bin, dann muss ich endlich nichts mehr machen«. Hast du diesen Spruch schon mal gehört? Ich muss bei diesem und ähnlichen Sprüchen immer den Kopf schütteln. Denn er zeigt leider, wie wenig sich die Menschen Gedanken machen, was sie eigentlich im Leben erreichen wollen.

Niemand in meinem Umfeld, der finanziell unabhängig ist und ein glückliches Leben führt, macht »nichts«. Viele arbeiten sogar noch. Aber alle haben eines gemeinsam: Sie machen nur das, was ihnen Spaß macht. Doch dazu muss man erst einmal wissen, was einem Spaß macht, was einen antreibt. Wer keine Ziele im Leben hat, der wird nicht angetrieben, sondern treibt einfach herum. Sich im Klaren über die eigenen Ziele zu sein, das ist also der erste wichtige Schritt.

Das eigene Ziel sollte jedoch nicht »viel Geld« sein. Komischerweise scheinen viele Menschen immer noch zu denken, dass viel Geld automatisch Probleme löst und für ein erfüllteres Leben sorgt. Auch ich habe so gedacht. Aber die Wahrheit ist: Ich habe nie wirklich gemerkt, dass ich die Schwelle zur finanziellen Freiheit überschritten habe. Das Leben ging genauso weiter wie vorher. Nur mehr Geld auf dem Konto zu haben, ändert erst einmal gar nichts.

Wenn du dir allerdings Ziele setzt, die sich in finanzieller Unabhängigkeit besser erreichen lassen, dann hast du auch tatsächlich etwas von deiner finanziellen Freiheit.

Wie viel Kapital benötigst du?

Damit die Reise nicht völlig ins Unbestimmte geht, solltest du dir frühzeitig überlegen, wo die Reise hingehen soll. Übersetzt bedeutet das: Wie viel Geld benötigst du eigentlich, um finanziell frei zu sein?

Da du hoffentlich in jungen Jahren anfängst und noch viele Lebensjahre vor dir hast, ist es nicht ratsam, aus der Substanz zu leben. Aus der Substanz lebst du immer dann, wenn du mehr ausgibst, als du im

Jahr aus Zinsen und Dividenden erwirtschaftest. Dieser Cashflow ist dein Einkommen, welches du ausgeben kannst, ohne dass du dich im nächsten Jahr mit weniger zufriedengeben musst.

Als Erstes musst du ausrechnen, welches Netto-Einkommen du jährlich aus Zinsen und Dividenden benötigst. Netto sage ich deshalb, weil du vermutlich Kapitalertragsteuer zu zahlen hast. Und falls du sie nicht zahlen musst, dann fällt mit hoher Wahrscheinlichkeit zumindest Quellensteuer auf einen Teil deiner Dividenden an.

Bleiben wir einmal beim wahrscheinlichsten Fall, dass du in Deutschland ansässig bist und Kapitalertragsteuer zahlen musst. Wenn du zum Beispiel 50.000 Euro im Jahr netto benötigst, dann entspricht dies einem Bruttoeinkommen von 63.187,50 Euro (50.000 x 1,26375), da du 26,375 Prozent Kapitalertragsteuer hinzurechnen musst.

Um einfacher rechnen zu können, runde ich dein notwendiges Brutto-Einkommen im Beispiel auf 65.000 EUR auf. Bei einer konservativ angesetzten Rendite von 4 Prozent – aktuell sind definitiv deutlich mehr möglich – müsste sich dein Kapital auf 1.625.000 Euro belaufen (65.000 / 0,04). Kannst du dagegen eine Rendite von 5 Prozent erzielen, wären sogar nur 1.300.000 Euro notwendig.

Ein gewaltiger Unterschied, oder? Es ist wirklich wichtig, sich diesen gewaltigen Unterschied immer wieder vor Augen zu führen, denn er kann 1 Prozent mehr oder weniger ausmachen. Ich kenne es von mir selbst, dass ich sonst auch gerne einmal faul werde und mein Depot nicht optimiere wegen 0,5 Prozent Unterschied. Aufs gesamte Depot gesehen machen 0,5 Prozent mehr oder weniger am Ende aber wirklich viel aus!

Ich rate dir wirklich, konservativ zu planen, damit du keine bösen Überraschungen erlebst. Sehr wahrscheinlich wirst du dann am Ende eher positiv überrascht. Während ich diese Zeilen schreibe, wirft mein Dividendendepot eine Zins-/Dividendenrendite von rund 6 Prozent p. a. ab. Mit nur 4 Prozent Kurszuwachs komme ich schon auf einen Total Return von 10 Prozent p. a. Du siehst: Wenn du deine Anlagen selbst in die Hand nimmst und auch dort investierst, wo wir Privatanleger echte Vorteile haben, dann kannst du deutlich mehr erreichen!

Wie lange brauchst du, um deine finanzielle Freiheit zu erreichen?

Jetzt weißt du, wie viel Kapital du insgesamt benötigst. Da wäre es doch schön zu wissen, ob du diese Summe noch in diesem Leben ansparen kannst – und falls ja, bis wann.

Wann du deinen Wunschkapitalstock aufgebaut hast, hängt von drei Faktoren ab: Sparrate (und Startkapital), Rendite und Zeit. Letzteres kannst du nicht mehr aufholen, also starte so früh wie möglich! Die Sparrate wirst du voraussichtlich mit deinem beruflichen Fortschritt steigern können, und über die Rendite haben wir bereits gesprochen.

Im Internet brauchst du nur nach »Sparplanrechner« suchen und du wirst genügend Möglichkeiten finden, dein Endkapital nach x Jahren auszurechnen. Trotzdem an dieser Stelle noch ein paar Hinweise:

- Noch mal: Den größten Einfluss auf das Endresultat hat die Zeit. Umso früher du anfängst, desto länger und ausgiebiger kann der Zinseszins für dich arbeiten. Wenn du 10.000 Euro für zehn Jahre zu 5 Prozent p. a. anlegst, erwirtschaftest du 6.288,95 Euro Zinsen. Wenn du die 10.000 Euro 20 Jahre, also doppelt so lange, anlegst, erwirtschaftest du dagegen 16.532,98 Euro. In der doppelten Zeit erwirtschaftest du also das 2,6-Fache an Zinsen.
- Wenn du bei einem Startkapital von 10.000 Euro und einer monatlichen Sparrate von 50 Euro dein Geld für zehn Jahre zu 5 Prozent anlegst, beträgt dein Endkapital 24.038,55 Euro. Das ist zwar mehr als eine Verdopplung, aber immer noch weit von finanzieller Unabhängigkeit entfernt. Finanzielle Freiheit erreichst du nicht im Schlaf, du musst schon etwas dafür tun. Sieh also zu, dass du deine monatliche Sparrate in der Ansparphase so hoch wie möglich gestaltest.
- All die genannten Berechnungen sind Brutto-Berechnungen. Natürlich schnappt sich das Finanzamt jedes Jahr seinen Anteil von dir. Wenn du also von einer Brutto-Rendite von 5 Prozent ausgehst, dann solltest du mit 4 Prozent rechnen, um näher an deinem tatsächlichen Nettoertrag zu liegen. Das soll jetzt kein Plädoyer für

eine Auswanderung sein, aber trotzdem muss ich darauf hinweisen: Wenn deine beruflichen Umstände es dir ermöglichen, deine Steuerlast zu senken, kannst du damit deine Ansparphase erheblich (!!!) verkürzen.

So bleibst du motiviert und überstehst auch Krisen

Der Weg in die finanzielle Unabhängigkeit ist kein Tagestrip, aber auch keine Weltreise! Er gleicht eher einem mehrjährigen Marsch durch Wind und Wetter. Der schöne Ausblick wartet aber erst ganz am Ende, und manchmal fragst du dich, wofür du dies eigentlich tust.

Um motiviert zu bleiben, musst du dir immer wieder die Fortschritte vergegenwärtigen, die du bereits erreicht hast. So solltest du sowohl deine jährlichen Cashflows aus Dividenden und Zinsen als auch dein Gesamtkapital festhalten. Dann siehst du im Jahresvergleich schön, wie dein jährlicher Überschuss stetig anwächst und auch dein Gesamtkapital wächst.

Eine schöne Erfindung sind auch die Dividendenkalender von divvydiary.com und snowball-analytics.com, die ich beide im Kapitel »Hilfsmittel und Tools für Dividendeninvestoren« vorgestellt habe. Wenn du hier dein Depot pflegst, was ich noch einmal ausdrücklich empfehle, siehst du, welche Dividendenzahlungen diesen Monat auf dich zukommen. Ich bekomme inzwischen immer rund 10 bis 15 Auszahlungen im Monat, sodass ein Blick auf den Kalender mir immer viel Freude macht.

Wirkliche Krisen musste ich mit meiner Dividendenfabrik-Strategie nie wirklich durchleben. Der Fokus auf die regelmäßigen Cashflows ist eben der wesentliche Vorteil der Strategie. Selbst im Corona-Crash sanken meine Ausschüttungen nicht merklich, wenngleich sich der Kurs einzelner Aktien vorübergehend durchaus halbierte.

Noch zehn Jahre zuvor hätte ich vermutlich panisch viele Positionen verkauft und mich im Nachhinein geärgert. Diesmal gingen die Turbulenzen auch nicht spurlos an mir vorüber, aber ich war ruhig genug, um gezielte Nachkäufe mitten im Finanzmarkt-Chaos tätigen zu können. Im Nachhinein hätte ich dabei noch aggressiver sein dürfen, aber hinterher ist man immer schlauer. Insgesamt muss ich sagen, dass sich der Krisenschutz meiner Dividendenfabrik-Strategie in der größten Börsenkrise seit 2008 gut bewährt hat!

Schlusswort

Bevor ich dieses Buch schrieb, war ich schon ermahnt worden: Auf den Inhalt und nicht auf die Länge kommt es an. Deswegen möchte ich dieses Buch nicht länger als notwendig machen. Denn alle wichtigen Aspekte meiner Dividendenfabrik hast du jetzt kennengelernt.

Wenn du jetzt noch Fragen hast, ist das völlig normal. Denn wirklich durchdringen wirst du diese Philosophie erst, wenn du Stück für Stück in die Umsetzung kommst. Und du wirst feststellen: Auf viele deiner Fragen kannst du nur dir selbst Antworten geben. Denn es gibt nicht die eine erfolgreiche Strategie, die du um jeden Preis umsetzen musst. Erfolgreich kann nur die Strategie sein, die auch zu deiner Person passt.

Wenn ich dir noch einen Tipp auf den Weg geben darf: Lege dir in jedem Fall ein Regelwerk zurecht, sodass du Bauchentscheidungen minimierst. Gerade in stressigen Situationen ist es ungemein wichtig, dass du ruhig bleibst, weil du deine Entscheidungen systematisch triffst.

Da es mir aber ein Anliegen ist, meine Leser so gut wie möglich auf dem Weg zu ihrer individuell erfolgreichen Dividendenfabrik zu unterstützen, habe ich mir Gedanken gemacht, wie ich dich dabei am besten begleiten kann. Dies tue ich auf verschiedenen Kanälen, wo du mich im Internet finden kannst:

Social Media: Du findest mich sowohl auf Instagram (www.instagram.com/dividendenfabrik.de/) als auch auf TikTok (www.tiktok.com/@dividendenfabrik), wobei ich auf TikTok weitaus aktiver bin. Hier teile ich regelmäßig in Videos Kurzeinschätzungen zu Aktien, aber gehe auch auf häufige Fragen oder Kommentare ein, die ich zum Thema Dividendeninvestments bekomme. Ich lade dich gerne ein, auch Fragen in den Kommentaren an mich zu stellen. Ich lese diese alle, und manche davon beantworte ich auch ausführlich in einem neuen Video.

- **Börsen-Live-Chat:** Ich bin auch aktiv im Börsenchat von sharedeals.de (live.sharedeals.de/), wo ich den Raum »Dividenden und Zinsen« als Dividendenexperte betreue. Hier kannst du dich mit Gleichgesinnten austauschen und auch Fragen an mich direkt stellen.
- **Kostenloser Newsletter:** Da ich in meinen Videos auf TikTok und Instagram nur sehr oberflächlich über Aktien sprechen kann, habe ich mich entschieden, noch einen kostenlosen Newsletter zu starten. Dieser erscheint ca. zweimal pro Monat. Hier berichte ich detaillierter über neue Aktien oder meine Depotwerte, die ich aktuell für kaufenswert halte. Außerdem schreibe ich hier auch meine Gedanken zum Investieren allgemein nieder. Wenn ich einmal zu der Einschätzung komme, meine Depotgewichtung anpassen zu müssen, wirst du es hier – begründet und detailliert – zuerst lesen. Meinen kostenlosen Newsletter kannst du abonnieren unter: dividendenfabrik.de

Am wichtigsten ist aber, dass du in kleinen, aber regelmäßigen Schritten dein eigenes Depot aufbaust und so in die Umsetzung meiner Strategie kommst. Nur dann setzt der Lerneffekt ein, und du wirst jeden Tag ein wenig selbstsicherer bei deinen Investmententscheidungen.

Zum Schluss habe ich noch eine Bitte: Ich habe dieses Buch mit viel Spaß und Leidenschaft für die Sache geschrieben und weil ich Anlegern helfen möchte, ebenfalls mit geringem Risiko und überschaubarem Zeitaufwand über die Börse erfolgreich Vermögen aufzubauen und für das Alter vorzusorgen.

Der monetäre Ertrag war für mich von vornherein kein Grund, dieses Buch zu schreiben. Wer viel Geld verdienen möchte, kann alles Mögliche tun, er sollte nur kein Buch schreiben. Für mich stand von Anfang an der Spaß an der Sache im Vordergrund.

Und weil das so ist, würde ich mich wahnsinnig über Feedback freuen!

Wenn du dieses Buch gelesen hast, schreib mir doch bitte eine ehrliche Rezension auf Amazon.de dazu. Sollte ich noch einmal an einer zweiten Auflage oder einer Fortsetzung arbeiten, weiß ich dann dank dir und den anderen Lesern viel besser, wo ich noch nachbessern muss. Vielen Dank dafür im Voraus!

Jetzt bleibt es mir nur noch, dir viel Erfolg bei deinem Vorhaben zu wünschen. Mögest du deine finanziellen Ziele rechtzeitig erreichen – und das bei bester Gesundheit! Wenn ich es schaffen konnte, dann schaffst du es auch. Los geht's!

Mein ganz persönliches Angebot an dich, damit du beim Aufbau deines Dividendendepots nicht allein bist

Wenn du dieses Buch bis hierhin gelesen hast, dann hast du die wichtigsten Bausteine meiner persönlichen Dividendenfabrik kennengelernt. Und trotzdem ist es völlig normal, wenn jetzt neue Fragen auftauchen.

Denn meine Strategie wird nicht dadurch »klarer«, dass du noch ein weiteres Kapitel liest. Sie wird klarer, wenn du Schritt für Schritt in die Umsetzung kommst, deine ersten Entscheidungen triffst, deine ersten Positionen aufbaust und dann merkst, wo es in der Praxis hakt.

Und genau an diesem Punkt möchte ich dich nicht alleine lassen.

Wie ich im Schlusswort bereits geschrieben habe, ist es mir ein Anliegen, dich auf diesem Weg bestmöglich zu unterstützen. Ich bin davon überzeugt, dass die Dividendenstrategie, so wie ich sie als persönliche Dividendenfabrik lebe, eine der nachhaltigsten und gleichzeitig praxistauglichsten Methoden ist, um sich ein solides Dividendendepot aufzubauen. Mir ist das gelungen. Ich bin der lebende Beweis, dass die Dividendenfabrik funktioniert, und du kannst das auch.

Und ich sage das nicht, weil ich hier etwas »verkaufen« will, sondern weil ich den Weg selbst gegangen bin. Ich kenne die typischen Fallstricke. Ich habe alle Fehler gemacht, die man machen kann. Ich bin in so ziemlich jedes Fettnäpfchen getreten, in das man treten kann. Und genau deshalb kann ich dir heute helfen, Dinge schneller einzuordnen, Prioritäten zu setzen und typische Anfängerfehler zu vermeiden.

Was vielen fehlt, ist nicht die Motivation, sondern Begleitung und Austausch.

Du kannst dir noch so viele Videos anschauen und noch so viele Beiträge lesen. Aber wenn du abends vor deiner Entscheidung sitzt, dann hast du am Ende trotzdem dieselben Fragen:

- Welche Aktie passt gerade wirklich in mein Dividendendepot und welche nicht?
- Wie bewerte ich Dividendenrendite, Ausschüttungsquote, Wachstum, Verschuldung sinnvoll?
- Wie baue ich mein Depot auf, ohne mich zu verzetteln?
- Was mache ich, wenn Kurse fallen, wenn eine Dividende gekürzt wird oder wenn die Nachrichtenlage nervös macht?
- Wie bleibe ich konsequent, statt aus dem Bauch heraus emotional zu handeln?

Wenn Unsicherheiten auftauchen, ist nichts hilfreicher als der Austausch mit Gleichgesinnten. Und genau aus diesem Grund, aus dieser Erfahrung heraus, möchte dir ans Herz legen, von meinem unverbindlichen Angebot Gebrauch zu machen.

3 Monate Austausch über Aktien & Dividenden für nur einen einzigen Euro!

Ich betreue als Dividenden-Experte bei sharedealsPlus den Live-Chat-Raum »Dividenden & Zinsen«. Es handelt sich dabei um einen interaktiven Live-Chat in Deutschlands aktivster Aktien-Community. Kein Forum, indem du erst Tage später eine Antwort bekommst und kein statischer Börsenbrief, der dir etwas »sendet«, sondern ein Ort, an dem du dich wirklich austauschen kannst.

Und weil ich weiß, wie wertvoll dieser Austausch ist, lade ich dich herzlich ein, drei Monate lang Teil dieser einmaligen Community zu werden.

Du kannst dort deine Fragen stellen, ganz konkret zu diesem Buch, zu deiner Depotstruktur und zur richtigen Umsetzung. Natürlich kann und darf das keine individuelle Anlageberatung sein. Aber ich kann dir mein Wissen ungefiltert weitergeben, Dinge einordnen, typische Denkfehler aufdecken und dir helfen, mehr Sicherheit in deinen Entscheidungen zu gewinnen.

Das Ziel ist simpel: Du sollst deutlich schneller vorankommen als ich damals.

Warum der Austausch in einer aktiven Community für viele der Game Changer ist

Ich kann dir aus Erfahrung sagen: Der Austausch mit Gleichgesinnten ist der Punkt, der wirklich den Unterschied macht.

Nicht, weil andere »magische Tipps« haben, sondern weil du plötzlich merkst:

- Du bist nicht allein mit deinen Fragen.
- Du siehst, wie andere denken, wie andere Entscheidungen treffen, wie andere mit Unsicherheit umgehen.
- Und du lernst, deine Strategie ruhiger und systematischer umzusetzen.

Gerade bei Dividendenstrategien ist das entscheidend. Denn hier geht es nicht um hektisches Hin und Her, sondern um sauberes Vorgehen, gute Auswahl, klare Regeln und konsequente Umsetzung.

Und das Beste ist: Ich bin dort wirklich live im Chat, erreichbar, ansprechbar, greifbar.

Neben mir sind dort aber auch viele weitere erfahrene Mitglieder und Experten unterwegs. Menschen, die schon lange investieren, die sich gegenseitig helfen, die Fragen beantworten, und die genau diesen Austausch suchen. Wenn du Lust hast, dich mit anderen Dividendeninvestoren und Dividendenjägern zu vernetzen, dann wirst du dich dort sehr schnell zuhause fühlen.

Das erwartet dich bei sharedealsPlus, ganz praktisch

Damit du ein klares Bild hast, was dich in der Community erwartet, hier die wichtigsten Punkte:

1. **Live-Chat in Echtzeit**
   Du kannst im Raum »Dividenden & Zinsen« direkt Fragen stellen und bekommst Input, Einschätzungen und Perspektiven aus der Praxis.
2. **Austausch mit Gleichgesinnten**
   Du triffst auf Anleger, die ähnliche Ziele haben wie du, und bekommst dadurch nicht nur Antworten, sondern auch Motivation und Klarheit.
3. **Mehr Struktur, weniger Bauchentscheidungen**
   Der Chat hilft dir dabei, ruhig zu bleiben, systematisch zu handeln und nicht wegen jeder Schlagzeile deine Strategie zu ändern.
4. **Zusätzliche Formate, wenn du tiefer einsteigen möchtest**
   In der Community gibt es regelmäßig Inhalte und Austauschformate, mit denen du dein Börsenwissen Schritt für Schritt ausbauen kannst.

So nutzt du dein Test-Angebot ganz unverbindlich

Ganz einfach:

1. **QR-Code scannen**
2. **Kurz anmelden**
3. **Drei Monate für nur einen Euro mitlesen, mitdiskutieren und deine Fragen stellen**

Danach entscheidest du in Ruhe selbst, ob du weiter dabeibleibst oder nicht. Kein Druck. Du sollst dir in den drei Monaten ein echtes Bild machen und vor allem in die Praxis kommen. Kurz vor Ablauf deiner Gratis-Mitgliedschaft entscheidest du dann, ob du dabeibleiben möchtest oder eben nicht. Wir schicken dir auf jeden Fall rechtzeitig eine Erinnerung per Mail.

Ich freue mich, wenn wir uns dort lesen

Wenn du es ernst damit meinst, ein erfolgreicher Dividendeninvestor zu werden, dann ist der nächste logische Schritt nicht »noch mehr lesen«, sondern loslegen. Klein, regelmäßig, strukturiert.
Und wenn du willst, begleite ich dich dabei im Live-Chat.
Ich freue mich auf deine Fragen.

Herzliche Grüße

André Doerk